Martin Kobrin

Corporate Performance Management als Weiterentwicklung von Business Intelligence

Grundlagen, Implementierungskonzept und Einsatzbeispiele

Diplomica® Verlag GmbH

Kobrin, Martin: Corporate Performance Management als Weiterentwicklung von Business Intelligence. Grundlagen, Implementierungskonzept und Einsatzbeispiele, Hamburg, Diplomica Verlag GmbH 2010

ISBN: 978-3-8366-9048-5
Druck: Diplomica® Verlag GmbH, Hamburg, 2010

Bibliografische Information der Deutschen Nationalbibliothek:
Die Deutsche Nationalbibliothek verzeichnet diese Publikation in der Deutschen Nationalbibliografie; detaillierte bibliografische Daten sind im Internet über http://dnb.d-nb.de abrufbar.

Die digitale Ausgabe (eBook-Ausgabe) dieses Titels trägt die ISBN 978-3-8366-4048-0 und kann über den Handel oder den Verlag bezogen werden.

Dieses Werk ist urheberrechtlich geschützt. Die dadurch begründeten Rechte, insbesondere die der Übersetzung, des Nachdrucks, des Vortrags, der Entnahme von Abbildungen und Tabellen, der Funksendung, der Mikroverfilmung oder der Vervielfältigung auf anderen Wegen und der Speicherung in Datenverarbeitungsanlagen, bleiben, auch bei nur auszugsweiser Verwertung, vorbehalten. Eine Vervielfältigung dieses Werkes oder von Teilen dieses Werkes ist auch im Einzelfall nur in den Grenzen der gesetzlichen Bestimmungen des Urheberrechtsgesetzes der Bundesrepublik Deutschland in der jeweils geltenden Fassung zulässig. Sie ist grundsätzlich vergütungspflichtig. Zuwiderhandlungen unterliegen den Strafbestimmungen des Urheberrechtes.

Die Wiedergabe von Gebrauchsnamen, Handelsnamen, Warenbezeichnungen usw. in diesem Werk berechtigt auch ohne besondere Kennzeichnung nicht zu der Annahme, dass solche Namen im Sinne der Warenzeichen- und Markenschutz-Gesetzgebung als frei zu betrachten wären und daher von jedermann benutzt werden dürften.

Die Informationen in diesem Werk wurden mit Sorgfalt erarbeitet. Dennoch können Fehler nicht vollständig ausgeschlossen werden, und der Diplomica Verlag, die Autoren oder Übersetzer übernehmen keine juristische Verantwortung oder irgendeine Haftung für evtl. verbliebene fehlerhafte Angaben und deren Folgen.

© Diplomica Verlag GmbH
http://www.diplomica-verlag.de, Hamburg 2010
Printed in Germany

Inhaltsverzeichnis

Inhaltsverzeichnis

Abkürzungsverzeichnis

Abbildungsverzeichnis

Tabellenverzeichnis

1.	**Einleitung**	1
2.	**Business Intelligence**	3
2.1	Business Intelligence Grundlagen	3
2.1.1	Historische Grundlagen	3
2.1.2	Definitionen	4
2.1.3	Business Intelligence Verständnis	5
2.2	Business Intelligence Architektur und Komponenten	7
2.2.1	Datenhaltung operativer und dispositiver Daten in relationalen Datenbanken	7
2.2.2	Operative Systeme als Grundlage für Business Intelligence	8
2.2.3	Data Warehouse	9
2.2.4	Datenübernahme und -verdichtung durch den ETL-Prozess	12
2.3	Business Intelligence – Analyse	13
2.3.1	Freie Recherche	13
2.3.2	Ad-Hoc-Analyse über Online Analytical Processing (OLAP)	13
2.3.3	Modellgestützte Analysesysteme	14
2.3.4	Berichtswesen mit Kennzahlsystemen	15
3.	**Corporate Performance Management**	16
3.1	Grundlagen des Corporate Performance Management	16
3.1.1	Fazit Business Intelligence	16
3.1.2	Entwicklung Corporate Performance Management	17
3.1.3	Definitionen Corporate Performance Management	18
3.2	Aufbau Corporate Performance Management	20
3.2.1	Voraussetzungen Corporate Performance Management	20
3.2.2	Komponenten Corporate Performance Management	23
3.2.3	Technologie-Einsatz für das Corporate Performance Management	24
3.3	Instrumente zur Performanceverbesserung	25
3.3.1	Prozessorientierte Instrumente	26
a.)	Beyond Budgeting	26
b.)	Total Quality Management	27
c.)	Six Sigma	28

3.3.2	Strategieorientierte Instrumente	29
a.)	Performance Pyramid	30
b.)	Balanced Scorecard	32
c.)	Performance Prism	34
d.)	Value-Based Performance Management	36
3.4	Vorteile für Unternehmen durch CPM	37
3.5	Risiken bei der Einführung und Nutzung von CPM	39
4.	**Empfehlung zur Gestaltung von CPM-Projekten**	**41**
4.1	Leitfaden zur Softwareeinführung	41
4.1.1	Grundsätzliche Herausforderungen der Unternehmen	41
4.1.2	Bestimmung des individuellen Reifegrads	42
4.1.3	Erfolgsfaktoren von CPM-Projekten	44
4.1.4	Implementierung	45
4.2	Softwareauswahl für Corporate Performance Management	46
4.2.1	Die Entscheidung: Make or Buy	46
4.2.2	Einführungsentscheidung: Best of Breed vs. Best of Suite	48
4.2.3	Kostenübersicht der CPM-Einführung	52
4.2.4	Open Source BI	55
4.2.5	Softwareanbieter und ihre Produkte: eine Marktübersicht	56
5.	**Umsetzung verschiedener Lösungen anhand von Praxisbeispielen**	**59**
5.1	Professional Planner von Winterheller im Einsatz bei Premiere	59
5.2	Cubeware Cockpit unterstützt Agip Tankstellen	60
5.3	Business-Specific Analytics von Infor bei der deutschen SEB Bank	60
6.	**Zusammenfassung**	**61**
7.	**Fazit mit Blick in die Zukunft**	**63**
	Literatur- und Quellenverzeichnis	**V.**

Abkürzungsverzeichnis

BAM	Business Activity Monitoring
BI	Business Intelligence
BoB	Best of Breed
BoS	Best of Suite
BPM	Business Performance Management
BSC	Balanced Scorecard
bspw.	beispielsweise
C-DWH	Core Data Warehouse
CI	Competitive Intelligence
CPM	Corporate Performance Management
CRM	Customer Relationship Management
d.h.	das heißt
DSS	Decision Support Systems
DWH	Data Warehouse
EAI	Enterprise Application Integration
EIS	Executive Information Systems
EPM	Enterprise Performance Management
E-Proc.	E-Procurement
ERP	Enterprise Resource Planning
ES	Expertsystems
etc.	et cetera
ETL	Extraction, Transformation and Loading
FASMI	Fast Analysis Shared Multidimensional Information
FPM	Financial Performance Management
IAM	Intangible Asset Management
KPI	Key Performance Indikator
MIS	Management Information Systems
ODS	Operational Data Store
OLAP	Online Analytical Processing
PPM	Process Performance Management
Right-Time DWH	Right-Time Data Warehouse
SCM	Supply Chain Management

SOA	Serviceorientierte Architektur
SQL	Structured Query Language
TQM	Total Quality Management
VBPM	Value-Based Performance Management

Abbildungsverzeichnis

Abbildung 1: Technischer Aufbau eines Data Warehouse … 11
Abbildung 2: Doppelter Regelkreis des CPM … 21
Abbildung 3: CPM-unterstützende Technologien … 24
Abbildung 4: Überblick über prozess- bzw. strategieorientierte CPM-Instrumente … 26
Abbildung 5: Die Performance-Pyramide … 30
Abbildung 6: Key Performance Indicators nach Hierarchieebenen … 31
Abbildung 7: Grundform der BSC mit den vier Standardperspektiven … 33
Abbildung 8: Das Performanceprisma … 35
Abbildung 9: Konzept des Value-Based Performance Management … 37
Abbildung 10: CPM im Turbulenz-Portfolio … 43
Abbildung 11: Best of Breed vs. Best of Suite in der Praxis … 51

Tabellenverzeichnis

Tabelle 1: Eigenschaften operativer und dispositiver Daten im Vergleich ... 8
Tabelle 2: Teilprozesse der Transformation im ETL-Prozess ... 12
Tabelle 3: FASMI-Eigenschaften ... 14
Tabelle 4: Vergleich CPM- und BI-Konzept ... 22
Tabelle 5: Phasen des Six Sigma-Verbesserungsprozesses ... 29
Tabelle 6: Projektphasen einer Softwareeinführung mit den jeweils anfallenden Kosten ... 54
Tabelle 7: Anbieter- und Produktübersicht im Bereich des BI und CPM ... 58

CPM – Grundlagen, Implementierungskonzept und Einsatzbeispiele

1. Einleitung

Unternehmen befinden sich heutzutage in stark umkämpften Märkten und sind durch die stetige Globalisierung sowie einer unaufhaltsamen Weiterentwicklung der Informations- und Kommunikationstechnologien in einer harten Wettbewerbssituation. Die Manager müssen sich sowohl auf die weltweite Öffnung von Güter-, Arbeits- und Informationsmärkten als auch auf fortschreitende Kommunikationsmöglichkeiten einstellen. Doch die Unternehmen haben nicht nur mit diesen Veränderungen zu kämpfen. Längst haben auch weitere Akteure wie beispielsweise Finanzdienstleister, Investoren, behördliche Institutionen und Anteilseigner ein berechtigtes Interesse und somit auch direkten oder indirekten Einfluss auf die Unternehmen. Daher ist es für Manager besonders wichtig, die richtigen Entscheidungen zum richtigen Zeitpunkt zu treffen, um die Wettbewerbsfähigkeit ihres Unternehmens weiter auszubauen, und um auf Veränderungen im Unternehmensumfeld schnell und adäquat reagieren zu können. Um die richtige Strategie der Unternehmensführung zu finden, bedarf es allerdings der genauen Kenntnis über das eigene Unternehmen und das Umfeld, in welchem sich das Unternehmen bewegt. Es muss die Fähigkeit gegeben sein, unterschiedliche Informationen und Daten zu wettbewerbsrelevantem Wissen weiter zu entwickeln. In diesem Zusammenhang ist die Informationsgewinnung aus bereits vorhandenen Unternehmensdaten sowie externen Informationen ein wichtiger Schritt, um das Management und die Fachabteilungen bei ihrer Planung und Entscheidungsfindung zu unterstützen. Die erfolgreiche Umsetzung dieses Ansatzes wird durch Business Intelligence (BI) und dessen Weiterentwicklung zum Corporate Performance Management (CPM) ermöglicht, welche nun schon seit einigen Jahren erfolgreich im Einsatz sind. Sie sammeln Daten und Informationen mit dem Ziel, sie auszuwerten, der Unternehmensführung in geeigneter Form zur Verfügung zu stellen und um Handlungsalternativen zu bewerten und Verbesserungspotential im Unternehmen zu identifizieren. Entscheidungsunterstützende Informationssysteme und Managementsysteme sind aus den heutigen Unternehmen kaum noch wegzudenken, denn durch sie werden sowohl die Planung als auch das Controlling und die Steuerung von Organisationen erheblich transparenter.

Ziel dieser Arbeit ist es, eine Abgrenzung des Corporate Performance Management von Business Intelligence zu erarbeiten, die Möglichkeiten der Einführung eines solchen Systems in ein Unternehmen zu erläutern und einen Überblick über den Softwaremarkt und seine Teilnehmer zu geben. Die Kapitel zwei und drei beschäftigen sich mit der theoretischen

CPM – Grundlagen, Implementierungskonzept und Einsatzbeispiele

Grundlagenbearbeitung. Dabei wird aufgezeigt, wie Business Intelligence entwickelt wurde, welche Komponenten zusammenwirken und wie das Konzept der Datengewinnung, Informationsverdichtung und Nutzung des neu generierten, wettbewerbsorientierten Wissens funktioniert. Sowohl die Rahmenbedingungen werden erläutert als auch erklärt, wie Unternehmen aus ihren Geschäftsprozessen und den daraus entstehenden Daten Rückschlüsse auf ihr Geschäft generieren. Des weiteren werden Möglichkeiten dargestellt, die dem Management gegeben werden, um Entscheidungen anhand von Analysen und Reports erst vorzubereiten und dann umzusetzen. Der nächste Schritt ist eine Abgrenzung des CPM vom BI. Er beschäftigt sich mit der Entwicklung, den Voraussetzungen und den Komponenten des CPM und stellt die wesentlichen Unterschiede beider Ansätze in den Vordergrund. Das Zusammenspiel der angewendeten Technologien im CPM-Umfeld wird erarbeitet, um aufzuzeigen, warum das klassische BI nicht allen Aufgaben im Sinne des CPM gerecht werden kann. Die Zielsetzungen, die Funktionsweise sowie die Vorteile bzw. die Risiken für die Unternehmen, die durch den Einsatz von CPM entstehen, werden erläutert und verschiedene Instrumente zur Performanceverbesserung vorgestellt. In Kapitel vier wird ein Leitfaden zur Einführung von CPM-Systemen erstellt, der sich mit den Herausforderungen, Rahmenbedingungen und Erfolgsfaktoren von CPM-Projekten beschäftigt. Außerdem werden Möglichkeiten aufgezeigt, die den Unternehmen in der Praxis bei der Einführung von BI- und CPM-Instrumenten zur Verfügung stehen. Unterschiedliche Strategien zum Erwerb von entscheidungsunterstützenden Tools werden untersucht, um eine Handlungsempfehlung bezüglich der Einführung auszuarbeiten. Eine Aufwandsanalyse und ein Vergleich mit Open Source-Lösungen in diesem Bereich sowie eine Markt- und Produktübersicht sollen das Verständnis für die heterogenen Softwareangebote und die Konkurrenzsituation am Markt vertiefen. Drei kurze Praxisbeispiele zeigen das Zusammenspiel einzelner Instrumente auf und verdeutlichen den Nutzen, den Unternehmen durch den Einsatz von CPM-Anwendungen für ihr tägliches Geschäft gewinnen können. Eine Zusammenfassung mit kritischer Betrachtung des Themas und ein Blick in die Zukunft des Corporate Performance Management schließen die Arbeit ab.

2. Business Intelligence

In der heutigen Unternehmenslandschaft fallen durch den kaum mehr wegzudenkenden Einsatz von EDV-Anwendungen eine Menge an relevanten und nicht relevanten Daten an. Diese unternehmensinternen Daten zu selektieren, sie zu verdichten und mit externen Daten von beispielsweise Marktforschungsinstituten oder Onlinediensten aufzuwerten, um Zusammenhänge abzuleiten, ist der Grundgedanke des BI. Die Hauptaufgabe von BI ist, dem Management die entscheidungsrelevanten Informationen dem Management zu liefern. Diese Art der Informationsgenerierung und -verteilung ist für viele Unternehmen, zunehmend auch für kleine und mittlere Unternehmen, von großer Bedeutung und als Grundgerüst für wettbewerbsorientierte Entscheidungen anzusehen. Um einen größtmöglichen Nutzen aus den vorhandenen Daten zu erzielen werden die Informationssysteme nicht nur genutzt, sondern auch ständig weiterentwickelt, was sich ebenfalls positiv auf die umliegenden Systeme auswirkt. Hierbei werden bei der Weiterentwicklung vor allem Datenhaltung, Datenbereitstellung, Kommunikation der einzelnen Systeme untereinander sowie eine Verbesserung der gesamten Leistungsfähigkeit fokussiert.

2.1 Business Intelligence Grundlagen

2.1.1 Historische Grundlagen

Mit dem Beginn der kommerziellen Nutzung der elektronischen Datenverarbeitung Anfang der 1960er Jahre wurden die ersten Schritte zur Unterstützung von Führungskräften durch Informationssysteme eingeleitet. Diese ersten so genannten Management Information Systems (MIS)[1] scheiterten jedoch an zu hohen Erwartungen an eine noch nicht ausgereifte Technologie. Das Konzept einer laufenden Entscheidungs- und Planungsunterstützung konnte daher nicht zufriedenstellend umgesetzt werden. Trotzdem wurde die Idee nicht fallengelassen, und mit dem Fortschreiten der technologischen Entwicklung wurde Mitte der 1980er Jahre mit dem Executive Information Systems (EIS)[2] ein neuer Ansatz zur Managementunterstützung geboren. Die aufbereiteten Daten konnten zum ersten Mal in einer

---

[1] MIS = Dem Nutzer werden Informationen für Entscheidungen und Planungen zur Verfügung gestellt
[2] EIS = Anwendung zur Analyse und Präsentation von Daten, geringe Analysemöglichkeit und einfache Handhabung

graphischen Benutzeroberfläche abgefragt werden. Mit W. H. Bill Inmons „Data Warehouse-Konzept" wurde 1992 ein weiterer wichtiger Meilenstein in der Führungsunterstützung erreicht: Eigenständige, speziell auf Analyse- und Entscheidungsaufgaben ausgerichtete Datenbanken bewirkten ein Herauslösen von Daten aus den operativen Systemen. Auf der Analyse und Auswertung der im Data Warehouse vorhandenen Daten basiert das Konzept der heutigen Managementunterstützung. Der Begriff des Business Intelligence wurde Mitte der 1990er Jahre eingeführt und kennzeichnet seither die IT-basierte Managementunterstützung. Sie besteht aus einer Vielzahl von Anwendungen und ist für die korrekte Informationsverteilung an das Management, sowie Koordination und Unterstützung zuständig. Dabei werden in einer dreistufigen Pyramide Hierarchie und Aufgabenbereiche vom Top-Management über das Middle-Management bis hin zum Lower-Management festgelegt. Desweiteren wird definiert, welche Informationen zu welcher Zeit in welcher Ebene gebraucht werden.[3]

2.1.2 Definitionen

Für BI finden sich in der Literatur viele verschiedene Definitionen, die sich teilweise überschneiden und nicht klar voneinander und von anderen Ansätzen abzugrenzen sind. Durch diesen hohen Grad an Beliebigkeit, die Zuordnung von BI zu verschiedenen Unternehmensbereichen sowie die Verwendung vieler Technologien hat sich bisher keine allgemeingültige und verbindliche Erklärung herauskristallisiert. Einige der am weitest verbreiteten Definitionen lauten:

„The use of computers and related information technologies to support manageers."[4]

„Business Intelligence gilt als Sammelbegriff zur Kennzeichnung von Systemen, die auf Basis interner Leistungs- und Abrechnungsdaten sowie externer Marktdaten das Management in Planung, Steuerung und Koordination unterstützen."[5]

---

[3] vgl. Kemper, H.-G. / Mehanna, W. / Unger, C.: Business Intelligence, 2006, S. 9
[4] Scott Morton, 1983: vgl. Kemper, H.-G. / Mehanna, W. / Unger, C.: Business Intelligence, 2006, S. 9
[5] vgl. Chamoni, P. / Gluchowski, P.: Analytische Informationssysteme, 2006, S. 52

CPM – Grundlagen, Implementierungskonzept und Einsatzbeispiele

Der Autor Mertens identifizierte 2002 bei seiner Untersuchung zu gängigen BI-Abgrenzungen sieben unterschiedliche Varianten:[6]

1. BI als Fortsetzung der Daten- und Informationsverarbeitung (IV): IV für die Unternehmensleitung
2. BI als Filter in der Informationsflut: Informationslogistik
3. BI = MIS, aber besonders schnelle und flexible Auswertungen
4. BI als Frühwarnsystem („Alerting")
5. BI = Data Warehouse
6. BI zur Informations- und Wissensspeicherung
7. BI als Prozess: Symptomerhebung → Diagnose → Therapie → Prognose → Therapiekontrolle

„Unter Business Intelligence (BI) wird ein integrierter, unternehmensspezifischer, IT-basierter Gesamtansatz zur betrieblichen Entscheidungsunterstützung verstanden, bei dem BI-Anwendungssysteme Teilaspekte des BI-Gesamtansatzes abbilden und BI-Werkzeuge ausschließlich zur Entwicklung von BI-Anwendungen dienen."[7]

2.1.3 Business Intelligence Verständnis

Die unter Gliederungspunkt 2.1.2 vorgestellten Definitionen wurden durch die Autoren Chamoni und Gluchowski zusammengefasst und über die jeweils verwendeten Systeme in drei Definitionsansätze unterteilt:[8]

> *Enges Business Intelligence Verständnis:* Unter dem engen BI-Verständnis werden wenige Kernapplikationen verstanden, die eine Entscheidungsfindung direkt unterstützen. Es handelt sich hierbei überwiegend um das Online Analytical Processing (OLAP), das Management Information System (MIS) und das Executive Information System (EIS). Das enge BI-Verständnis beinhaltet alle Anwendungen mit entscheidungsunterstützendem Charakter.

---

[6] vgl. Kemper, H.-G. / Mehanna, W. / Unger, C.: Business Intelligence, 2006, S. 2 f.
[7] vgl. Kemper, H.-G. / Mehanna, W. / Unger, C.: Business Intelligence, 2006, S. 8
[8] vgl. Kemper, H.-G. / Mehanna, W. / Unger, C.: Business Intelligence, 2006, S. 3 f.

CPM – Grundlagen, Implementierungskonzept und Einsatzbeispiele

> *Analyseorientiertes Business Intelligence Verständnis:* Das analyseorientierte Business Intelligence umfasst die Anwendungen, die von der Führungsebene benötigt werden, um direkt mit dem System zu arbeiten. D.h. BI stellt hier insbesondere die technischen Werkzeuge zur Datenauswertung sowie den Rahmen zur Ausführung betriebswirtschaftlicher Abfragen und Analysen zur Verfügung. Hierzu gehören neben OLAP, MIS und EIS auch das Text- und Data-Mining, Berichts- und Analysesysteme, Planungs- und Konsolidierungssysteme, Reporting und Kennzahlen- bzw. Balanced Scorecard Modelle.[9]

> *Weites Business Intelligence Verständnis:* Im weitesten Sinne versteht man unter BI alle direkten und indirekten Anwendungen, die zur Unterstützung einer Entscheidungsfindung beitragen. Hierbei geht es neben der Auswertung und der Präsentation von Daten und Informationen auch um die Datenherkunft, die Datenspeicherung und die Datenaufbereitung.

Zusammenfassend ist zu sagen, dass BI eine Vielzahl unterschiedlicher Ansätze zur Analyse geschäftsrelevanter Daten zu bündeln versucht und die Gesamtheit aller Werkzeuge und Anwendungen mit entscheidungsunterstützendem Charakter darstellt. Ziel ist es, einen besseren Einblick in das eigene Geschäft und ein Verständnis für die Mechanismen relevanter Wirkungsketten zu erlangen.[10] Langfristig kann BI nur bestehen, wenn es als eigenständiges System zur Managementunterstützung angesehen wird, das heißt, es weist klare Abgrenzungen zu anderen Systemen und Methoden auf und neue qualitative Lösungen werden eigenständig herausgearbeitet. Festzuhalten ist allerdings, dass BI als Datenbasis ein DWH erfordert.

---

[9] Erläuterungen erfolgen im Gliederungspunkt 2.3 Business Intelligence - Analyse
[10] vgl. Oehler, K.: Corporate Performance Management mit BI-Werkzeugen, 2006, S.33

2.2 Business Intelligence Architektur und Komponenten

2.2.1 Datenhaltung operativer und dispositiver Daten in relationalen Datenbanken

Die Datenhaltung von konsistenten, betriebswirtschaftlichen Daten in Datenbanken, so genannten Data Warehouses, ist Grundvoraussetzung für die Anwendung von Business Intelligence. Hierbei handelt es sich in der Praxis meist um Datenbanken, die auf relationalen Datenmodellen basieren. Entwickelt wurde dieses Modell, das auf der mathematischen Mengentheorie aufbaut, 1970 von Edgar F. Codd. Die Daten sind in Tabellen („Relationen") mit Zeilen und Spalten gespeichert. Ein wichtiges Ziel beim Erstellen von relationalen Datenbanken ist, Redundanzen[11] zu beseitigen und dadurch Inkonsistenzen zu vermeiden. Zur Einrichtung und Nutzung von Datenbanken verwendet man Structured Query Language (SQL). SQL ist in der Praxis weit verbreitet und wird mittlerweile in fast allen Datenbankmanagementsystemen genutzt. Diese Programmiersprache erlaubt den Benutzern, mit wenigen Befehlen auf Informationen zuzugreifen, die in der Datenbank gespeichert sind. Dieser Zugriff besteht aus dem Lesen, Einfügen, Ändern oder Löschen der Daten.

Doch woher stammen die Daten, welche gespeichert, strukturiert, aufbereitet und verwaltet werden müssen? Grundsätzlich wird zwischen operativen und dispositiven Daten unterschieden, die in einem Unternehmen generiert werden. Zusammen mit externen Daten von Online-Diensten und Marktforschungsinstituten bilden diese die Grundlage für die Unterstützung des Managements. Operative Daten sind unmittelbar wirkend und stammen aus den Administrations-, Dispositions- und Abrechnungssystemen, die zur Abwicklung des Tagesgeschäfts eines Unternehmens benötigt werden. Die operativen Daten werden in den einzelnen Abteilungen wie etwa dem Vertrieb, der Entwicklung, dem Personalwesen oder dem Einkauf erzeugt. Sie stammen also direkt aus den Geschäftsprozessen. Nach der Aufbereitung und Strukturierung der operativen und externen Daten wird von dispositiven Daten gesprochen. Auf diese isolierten Datenbestände greifen die managementunterstützenden Systeme dann zu. Eine Verdichtung der operativen und externen Daten ist notwendig, da ein Zugriff auf diese durch BI-Anwendungssysteme meist nicht zielführend ist.

---

[11] Redundanzen sind Datenüberschneidungen, durch z.B. Mehrfachspeicherung

Tabelle 1 verdeutlicht noch einmal den Unterschied zwischen operativen und dispositiven Daten.

	Eigenschaften operativer Daten	Eigenschaften dispositiver Daten
Ziel	Geschäftsprozessabwicklung	Entscheidungsunterstützung
Ausrichtung	Detaillierte Geschäftsvorfallsdaten	Verdichtete, transformierte Daten
Aktualität	Zeitpunkt- und Transaktionsbezug	Historienbetrachtung
Zustand	Häufig redundant und inkonsistent, funktionsorientiert	Kontrollierte Redundanz, konsistent, standardisiert, themenbezogen
Update	Laufend und konkurrierend	Ergänzend, Fortschreibung des bereits bestehenden Datenbestandes

Tabelle 1: Eigenschaften operativer und dispositiver Daten im Vergleich[12]

2.2.2 Operative Systeme als Grundlage für Business Intelligence

Operative Systeme sind die bereits angesprochenen Administrations-, Dispositions- und Abrechnungssysteme, die in der Betriebswirtschaft der Unterstützung und Abwicklung des täglichen Geschäftsbetriebs dienen. Diese Systeme umfassen das Supply Chain Management (Verwaltung der Lieferbeziehungen eines Unternehmens), das E-Procurement (elektronische Beschaffung von Gütern und Dienstleistungen), das Enterprise Ressource Planning (komplexes Unternehmensanwendungssystem, zum Beispiel SAP) und das Customer Relationship Management (dient der Dokumentation und Verwaltung von Kundenbeziehungen). Sie sind damit direkt an den Wertschöpfungsprozess eines Unternehmens gekoppelt. Diese Systeme sind Grundvoraussetzung und bilden den Unterbau von BI-Analysesystemen. Es handelt sich hierbei um Online-Dialogsysteme, die an den verschiedenen betrieblichen Funktionen ausgerichtet sind und stetig aktualisiert werden. Einzelne Geschäftsvorgänge bewirken eine Änderung des Datenbestands, der dadurch immer die aktuelle Situation darstellt. Durch die hohe Aktualität der Daten können einfache, gezielte Anfragen von operativen Systemen beantwortet werden. Fragestellungen an operative Systeme könnten etwa der aktuelle Einkaufs- bzw. Verkaufspreis für ein Produkt sein oder die Höhe des Lagerbestands eines Artikels. Für Analysezwecke oder umfassende Auswertungen

---

[12] vgl. Kemper, H.-G. / Mehanna, W. / Unger, C.: Business Intelligence, 2006, S. 14

sind operative Systeme allerdings nicht geeignet, da ihnen hierzu die geeignete Datenstruktur fehlt sowie der Zeitraumbezug aufgrund einer zeitlich begrenzten Speicherung der Daten. Weil diese Systeme in erster Linie zur Transaktionsunterstützung entwickelt wurden, sind sie bereits voll ausgelastet und geben keine freie Kapazität für Analysezugriffe her. Sowohl die Zusammenstellung, Bereinigung und Ordnung dieser heterogenen Daten als auch die Verknüpfung zu Informationen für Analysen erfolgen im Data Warehouse.

2.2.3 Data Warehouse

Aufgabe eines Data Warehouse (DWH) in einem Unternehmen ist es, die relevanten Informationen, die aus den operativen und externen Quellen herausgefiltert wurden, in einem einheitlichen Datenpool zusammenzuführen. In diesem Datenlager werden die gespeicherten Daten in logische Zusammenhänge gebracht. Hier herrscht die höchste Datenqualität im Unternehmen. Das DWH ist auf die Verarbeitung und Bereitstellung großer Datenmengen zur Durchführung von Auswertungen und Analysen spezialisiert, um der Unternehmensführung entscheidungsrelevante Informationen liefern zu können. Durch die in neue Zusammenhänge gebrachten dispositiven Daten lassen sich beispielsweise Informationen zur Steuerung und Kontrolle von operativen Prozessen erzeugen. Außerdem lassen sich mit Hilfe spezieller Analysetools bedarfsgerechte Auswertungen erstellen. Die Speicherung der Daten im DWH erfolgt über relationale Datenbanken.

Data Warehouses weisen einige typische Merkmale auf, die sie erheblich von den operativen Systemen unterscheiden. Der erste gravierende Unterschied ist der Zeitraumbezug. Während in operativen Systemen die Datenhaltung transaktionsorientiert und zeitpunktbezogen angelegt ist, werden im DWH Daten dauerhaft über Zeiträume wie Tage, Monate und Jahre gespeichert, um historische Verläufe oder Trendanalysen durchführen zu können. Hierbei muss allerdings überlegt werden, wie das stetige Datenwachstum begrenzt werden kann. Eine Lösung wäre etwa das Auslagern in Archivsystemen. Ein weiteres Merkmal ist die Themenorientierung des dispositiven Datenbestands, die sich direkt an den Informationsbedürfnissen des Managements ausrichtet. Den Führungskräften soll ermöglicht werden, direkte Informationen zu interessierenden Kerngebieten zu recherchieren. Diese können zum Beispiel Produktgruppen, Kunden oder Märkte sein. Eine weitere Charakteristik ist die Integration von heterogenen Daten in einen konsistenten Datenbestand. Dabei werden Informationen aus internen und externen Quellen zusammengeführt und bei der Übernahme in das DWH vereinheitlicht. Als letztes Merkmal ist die Beständigkeit der Daten aufzuführen. Die in einem DWH abgelegten Inhalte werden nur in Ausnahmefällen gelöscht oder modifiziert. Dagegen werden Daten der operativen Anwendungen nur für einen begrenzten Zeitraum im System vorgehalten und nach Abwicklung ihres konkreten Auftrags anschließend ausgelagert oder gelöscht, um die Performance (Antwortzeiten) dieser Systeme nicht unnötig zu belasten.[13]

Die Architektur eines DWHs setzt sich aus verschiedenen Datenhaltungssystemen zusammen, die nachfolgend einzeln beschrieben werden. Eine Grafik verdeutlicht den Aufbau abschließend.

Operational Data Store (ODS): In den aktuellen DWH-Ansätzen stellt der ODS einen speziellen Datenpool dar, der allgemein als Vorstufe von DWHs aufgefasst wird. Er verbindet den Bereich der operativen Transaktionssysteme mit der dispositiven Datenhaltung, das heißt er beinhaltet transaktionsorientierte Daten aus verschiedenen operativen Quellsystemen. In den ODS werden meist kleine und zeitpunktaktuelle Daten übertragen, die schon an definierte Anforderungen und Analysesysteme angepasst wurden, um auch im Tagesgeschäft operative und taktische Entscheidungen treffen zu können. Der Autor William H. Inmon definierte 1999 den ODS als eine Datenhaltung mit subjektorientierten, integrierten, zeitpunktbezogenen, volatilen und detaillierten Daten.[14]

Core Data Warehouse (C-DWH): Das C-DWH stellt die zentrale Datenbank innerhalb des DWH dar. Es wird über den ODS mit sämtlichen internen und externen Daten des Unternehmens befüllt und übernimmt die Funktionen der Datensammlung und -integration, der Weitergabe an eine Vielzahl von Benutzern sowie der Auswertung und Analyse. In der Regel umfasst das C-DWH durch seine historienbildende Ablage von Daten mehrere Terrabyte und basiert ebenfalls auf relationalen Datenbanken. Um die Performance des C-DWH zu gewährleisten und mögliche Störungen zu vermeiden, werden in der Praxis die Befüllung, Pflege und Nutzung meist ausschließlich durch die IT-Fachabteilung vorgenommen. Damit aber auch andere Fachabteilungen die Möglichkeit haben, mit den BI-Anwendungssystemen zu arbeiten, wurden so genannte Data Marts entwickelt.[15]

---

[13] vgl. Kemper, H.-G. / Mehanna, W. / Unger, C.: Business Intelligence, 2006, S. 17 f.
[14] vgl. Kemper, H.-G. / Mehanna, W. / Unger, C.: Business Intelligence, 2006, S. 38
[15] vgl. Kemper, H.-G. / Mehanna, W. / Unger, C.: Business Intelligence, 2006, S. 34

CPM – Grundlagen, Implementierungskonzept und Einsatzbeispiele

Data Marts: Data Marts sind kleinere Datenpools, die durch spezielle Transformationsprozesse aus dem C-DWH in kleinere, überschaubare Einheiten extrahiert werden, um das Handling mit den riesigen C-DWHs zu vereinfachen und um Ressourcen zu schonen. Diese werden spezifischen Nutzergruppen zur Verfügung gestellt. Der Vorteil besteht darin, dass nicht die komplette Datenbasis eines Unternehmens abgefragt werden muss, sondern nur ein Ausschnitt bzw. eine Teilmenge des DWHs abgebildet wird. Data Marts werden also direkt an die Bedürfnisse der jeweiligen Benutzergruppen angepasst.[16]

Metadaten: Generell versteht man unter Metadaten alle Informationen, die Aufbau, Wartung und Administration des DWH-Systems vereinfachen und darüber hinaus die Informationsgewinnung aus dem DWH ermöglichen.[17] Diese „Daten über Daten" beschreiben die Datenstruktur in DWHs und dienen der Dokumentation der Speicherparameter, wie zum Beispiel Herkunft, Struktur, Zusammensetzung und inhaltliche Beschreibung der gespeicherten Informationen. Metadaten werden in separaten Meta-Datenbanken gespeichert und verwaltet.

Abbildung 1 zeigt den technischen Aufbau und die Integration von Daten in ein Data Warehouse.

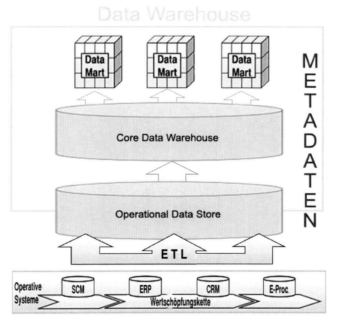

Abbildung 1: Technischer Aufbau eines Data Warehouse[18]

---

[16] vgl. Kemper, H.-G. / Mehanna, W. / Unger, C.: Business Intelligence, 2006, S. 36
[17] vgl. Bauer, A. / Günzel, H.: Data Warehouse Systeme, 2008, S. 69
[18] Abbildung modifiziert übernommen aus Kemper / Mehanna / Unger: Business Intelligence, 2006, S.10

2.2.4 Datenübernahme und -verdichtung durch den ETL-Prozess

Damit das DWH mit den operativen und externen Daten befüllt werden kann, müssen diese Daten zuerst selektiert, dann vorbereitet und im dritten Schritt übertragen werden. Diese Aufgaben übernehmen ETL-Werkzeuge. ETL steht hierbei für Extraction (Extrahieren), Transformation (Transformation) und Loading (Laden). Ziel des ETL-Prozesses ist es, die Daten von ihren unterschiedlichen Strukturen zu bereinigen und sie zu standardisieren, um sie dauerhaft subjekt- und themenorientiert im DWH abzulegen. Dadurch wird die betriebswirtschaftliche Interpretierbarkeit gewährleistet.

> *Extraction:* Im Extraktionsprozess werden die operativen und externen Daten, die später für das Management von strategischer Bedeutung sein werden, aus den Transaktionssystemen selektiert und für die Übertragung ins DWH vorbereitet.

> *Transformation:* Der Transformationsprozess besitzt die Aufgabe, die Daten für den Ladeprozess vorzubereiten und sie zu bereinigen, um die Datenextrakte in ein einheitliches internes Format zu überführen. Fehlerhafte, redundante oder veraltete Quelldaten machen die Bereinigung unabdingbar. Verunreinigte Daten werden durch Plausibilitätsprüfungen aufgespürt und korrigiert. Diese Datenbereinigung erfolgt in vier aufeinander folgenden Prozessen (vgl. Tabelle 2) und ist für die Datenqualität im DWH maßgebend.

Filterung	Unter Filterung wird die Extraktion der operativen Daten und die Bereinigung syntaktischer oder inhaltlicher Defekte verstanden.
Harmonisierung	Die Harmonisierung bezeichnet den Prozess der betriebswirtschaftlichen Abstimmung der gefilterten Daten.
Aggregation	Die Aggregation ist die Verdichtung gefilterter und harmonisierter Daten.
Anreicherung	Die Bildung und Speicherung betriebswirtschaftlicher Kennzahlen aus gefilterten und harmonisierten Daten wird als Anreicherung bezeichnet.

Tabelle 2: Teilprozesse der Transformation im ETL-Prozess[19]

---

[19] vgl. Kemper, H.-G. / Mehanna, W. / Unger, C.: Business Intelligence, 2006, S. 24, Abb. 2.6

> *Loading:* Die letzte Phase des ETL-Prozesses lädt die hochverdichteten Daten in das DWH. Im ersten Befüllungsprozess (initial load) werden alle Daten in das DWH geladen, anschließend erfolgen nur noch Aktualisierungen mit geänderten oder neuen Daten. Für den Ladevorgang wird die Verwendung der Systeme gesperrt oder ist nur teilweise nutzbar, da eine hohe Rechenkapazität benötigt wird.

2.3 Business Intelligence – Analyse

2.3.1 Freie Recherche

Die einfachste und schnellste Möglichkeit der Datenanalyse ist die freie Datenbankrecherche durch eine Datenmanipulationssprache wie zum Beispiel SQL. Dabei werden die im DWH abgelegten Daten direkt und gezielt über SQL abgefragt, wobei auch eine Gruppierung der Daten möglich ist. Vorteil der freien Recherche ist die hohe Flexibilität der Abfragen. Diese werden direkt im Datenbestand ausgeführt, und die Analyseergebnisse können leicht in anderen Systemumgebungen weiterverarbeitet werden. Ein gravierender Nachteil von Datenmanipulationssprachen ist die Voraussetzung einer gewissen IT-Kompetenz. Die Einarbeitung in diese Sprachen ist sehr intensiv. Führungskräfte und andere Entscheider sind meist nicht dazu bereit, sich diese Kenntnisse anzueignen. Daher bleibt der Einsatz dieser freien Recherchen meist nur Datenbankadministratoren und Powerusern – besonders versierten Benutzern – vorbehalten.[20]

2.3.2 Ad-Hoc-Analyse über Online Analytical Processing (OLAP)

Online Analytical Processing wurde 1993 von Edgar F. Codd entwickelt und wird für die Durchführung komplexer Analysevorhaben eingesetzt, bei der auch die historische Betrachtung eine wichtige Rolle spielt. Der Begriff OLAP wurde nach Codd durch zwölf Kriterien definiert, welche durch die Beteiligung von Wissenschaftlern und OLAP-Anbietern im Laufe der Jahre um mehr als 300 Regeln erweitert wurden. Hieraus entstand 1995 das Akronym FASMI (Fast Analysis Shared Multidimensional Information), das fünf Kerninhalte

---

[20] vgl. Kemper, H.-G. / Mehanna, W. / Unger, C.: Business Intelligence, 2006, S. 93

zur kurzen und prägnanten Umschreibung erläutert (vgl. Tabelle 3, Seite 14). Die komplexen Analysen durch OLAP verursachen ein hohes Datenaufkommen. Durch FASMI ist jedoch eine flexible und intuitive Auswertung möglich. Die Daten werden aus den Datenquellen in einem multidimensionalen Würfel zusammengefasst und dann in Berichten mit Grafiken und Tabellen präsentiert. So kann der Anwender die Kriterien, die für ihn interessant sind, selektieren und miteinander kombinieren, wodurch sich die Analyseergebnisse schrittweise verfeinern lassen. Die OLAP-Datenbanken sind ständig verfügbar, leicht bedienbar und betrachten den gleichen Datenbestand aus unterschiedlichen Perspektiven und in verschiedenen Detailstufen. OLAP ist zusammengefasst die Sammlung, Verwaltung, Bearbeitung und Darstellung multidimensionaler Daten.

Fast (Geschwindigkeit)	Reguläre Anfragen werden innerhalb von fünf Sekunden, komplexe Anfragen in maximal 20 Sekunden beantwortet.
Analysis (Analyse)	Beliebige Berechnungsmöglichkeiten für intuitive Analysen.
Shared (Geteilte Nutzung)	Effektive Zugangssteuerung mit Mehrbenutzerbetrieb.
Multidimensional	Unabhängig von der zugrunde liegenden Datenbankstruktur ist eine konzeptionelle, multidimensionale Sicht umzusetzen.
Information (Datenumfang)	Die Skalierbarkeit muss auch bei großen Datenmengen gegeben sein, damit die Antwortzeiten bei den Auswertungen stabil bleiben.

Tabelle 3: FASMI-Eigenschaften[21]

2.3.3 Modellgestützte Analysesysteme

Durch die freie Recherche und die OLAP-Systeme wird im Gegensatz zu den modellgestützten Systemen nur eine kleinere Berechnung, wie zum Beispiel der Umsatz eines Produkts in einem bestimmten Zeitraum, durchgeführt. Die modellgestützten Systeme ermöglichen komplexe Auswertungen, die regelbasiert und algorithmisch ausgerichtet sind. Zu diesen Systemen gehören die Decision Support Systems (DSS), die Expertsystems (ES) sowie das Data Mining.

---

[21] vgl. Kemper, H.-G. / Mehanna, W. / Unger, C.: Business Intelligence, 2006, S. 94

Decision Support Systeme sind interaktiv, das heißt sie reagieren direkt auf die Eingaben des Benutzers. Da sie meist von der Führungsebene benutzt werden, bei der weder ein tiefes Verständnis für, noch große Erfahrungen in der Informationstechnologie erwartet werden können, sind sie leicht zu verstehen und zu bedienen. Zum Einsatz kommen sie bei unstrukturierter Problemstellung, also wenn Ziele und Vorgehensweisen nicht genau spezifizierbar sind. Hier lassen sich relevante Informationen aus Daten und Modellen filtern, die aufbereitet und innerhalb kürzester Zeit in geeigneter Form dargestellt werden können.

Expertensysteme bilden im Gegensatz zu den DSS menschliches Expertenwissen ab. Der Fokus liegt hierbei nicht nur auf dem angesammelten Wissen sondern auch auf dem Wissen über Mechanismen zur Problemlösung. Hauptaufgabe von Expertensystemen ist die Hilfestellung bei der Entscheidungsfindung in Form von Handlungsempfehlungen. Sie werden meistens in gut strukturierten Problemfeldern sowie zur Risikoanalyse eingesetzt.

Durch das Data Mining, das Schürfen nach Mustern, sollen aus bereits vorhandenen Daten neue, bisher unbekannte Daten auf möglichst automatisierte Weise durch das Erkennen von Zusammenhängen, Mustern und Trends extrahiert werden. Das Data Mining bildet eine Kombination aus Statistik, künstlicher Intelligenz, maschinellem Lernen und klassischer Mustererkennung. Dies führt dazu, dass der Analyst nicht von vorneherein wissen muss, wonach er sucht. Die angewendeten Verfahren zeigen dem Anwender vermeintlich interessante Informationen und Zusammenhänge zwischen den Daten auf, wodurch neue Kenntnisse gewonnen werden, die für die Unterstützung des Managements von hoher Bedeutung sind.

2.3.4 Berichtswesen mit Kennzahlsystemen

Das Berichtswesen hat die Aufgabe, Informationen bereitzustellen und sie in geeigneter, übersichtlicher und nutzerfreundlicher Form den betrieblichen Entscheidungsträgern vorzulegen. Je nach Einsatzgebiet und Zielgruppe werden verschiedene Analysewerkzeuge des Berichtswesens eingesetzt. Das Standard-Reporting ist die klassische Form des Berichtswesens und basiert auf den dispositiven Daten aus dem DWH. Es wird zwischen Planungsberichten (als Grundlage und Ergebnis der strategischen und operativen Planung), Abweichungsberichten (wöchentlich, monatlich oder quartalsweise) und Statusberichten (beispielsweise Geschäftsberichte) unterschieden[22]. Diese Berichte beruhen auf Kennzahlen[23], die in so genannten grafischen Scorecards und Dashboards aussagekräftig als Ampel, Tachometer oder Thermometer dargestellt werden. Diese Darstellungsart der betriebswirtschaftlichen Schlüsselkennziffern aus unterschiedlichen Unternehmensbereichen vereinfacht das Verständnis von Zusammenhängen und ermöglicht somit eine rasche Entscheidungsfindung.

3. Corporate Performance Management

3.1 Grundlagen des Corporate Performance Management

3.1.1 Fazit Business Intelligence

Die Aktualität der Unternehmensdaten wird für Unternehmen immer wichtiger, um auf Marktveränderungen und Umwelteinflüsse schnell und effizient reagieren zu können. BI zielt darauf ab, das Management durch Bereitstellung unternehmensspezifischer Informationen bei der Entscheidungsfindung zu unterstützen. Hierzu bedient es sich verschiedener Analyseverfahren, die für die vergangenheitsorientierte und taktische Geschäftsanalyse von unverzichtbarem Wert sind. Auch die strategische Unternehmensplanung erfolgt unter Berücksichtigung der aus den BI-Anwendungen gewonnenen Informationen.

Es kristallisierten sich zusammenfassend folgende Vorteile von BI heraus:

> Datenbereitstellung aus dem gesamten Unternehmen zu Analysezwecken
> Verbesserung der Strategieausrichtung, Zielplanung und des Controllingumfangs
> Neue Betrachtungsperspektiven anhand von multidimensionalen Analysen
> Mustererkennung und Marktanalyse
> Leichte Bedienbarkeit ermöglicht einfache und schnelle Berichterstellung
> Keine Beeinträchtigung der operativen Transaktionsdatenbanken

---

[22] vgl. Kemper, H.-G. / Mehanna, W. / Unger, C.: Business Intelligence, 2006, S. 110
[23] Kennzahlen sind Momentaufnahmen entscheidungsrelevanter Daten

CPM – Grundlagen, Implementierungskonzept und Einsatzbeispiele

Die ständig wechselnde Wettbewerbssituation sowie der zunehmend stärkere Konkurrenzkampf zwingen die Unternehmen, eine Möglichkeit zu schaffen, sich flexibel auf neue Situationen einzustellen und sofortige Gegenmaßnahmen bei sich ändernden Bedingungen einzuleiten. Es ist also nicht nur wichtig, die Leistungsfähigkeit des eigenen Unternehmens zu kennen und zu bewerten, sondern zusätzlich muss gewährleistet werden, aktiv in die Leistungserstellung – also in die Unternehmensprozesse – eingreifen zu können, um wettbewerbsfähig zu bleiben. BI basiert auf den Daten aus den operativen Geschäftsprozessen ohne dem Anwender jedoch die Möglichkeit zu bieten, diese Prozesse aktiv zu planen, zu überwachen oder zu steuern. Um es dem Management zu ermöglichen, die Optimierung der laufenden Geschäftsprozesse zu forcieren und sie an die strategische Planung anzupassen, fehlte es bislang an prozessorientierten BI-Lösungen. Man wollte Ergebnisse, die man direkt auf Geschäftsprozesse und Strategien anwenden und umsetzen konnte. BI ist also ein Informationsbereitstellungsmodell, dessen Hauptaufgaben die Analyse, die Diagnose sowie die Berichterstellung sind. Die fehlende Prozessorientierung machte eine Weiterentwicklung des BI notwendig, damit die ausgewerteten Informationen genutzt werden können, was eine weitere Verbesserung der Leistungsfähigkeit des Unternehmens zur Folge hat.

3.1.2 Entwicklung Corporate Performance Management

Das Ergebnis der Weiterentwicklung von BI war etwa im Jahr 2000 das Corporate Performance Management (CPM), auch Enterprise Performance Management (EPM) oder Business Performance Management (BPM) genannt. Hierbei handelt es sich um ein Geschäftsmodell, das mehr als nur die Bereitstellung von Kennzahlen für die Führungsebene bietet. Das CPM ist ein umfassender betriebswirtschaftlicher Ansatz, wogegen BI eher einen technisch fokussierten Themenkomplex als Hintergrund hat. CPM ermöglicht dem Management, auf Basis von BI-Anwendungen, die prozessorientierte und strategiekonforme Planung, Messung und Steuerung der Unternehmensleistung unter Berücksichtigung der definierten Unternehmensziele. Doch nicht nur die fehlende Prozessorientierung des BI war ein Grund zur Weiterentwicklung. Zusätzliche wichtige Hauptfaktoren waren ebenfalls die Verkürzung der Produkt- und Servicezyklen, die zunehmenden Kundenbedürfnisse, der hohe Kostendruck sowie unzureichende Steuerungsinformationen[24].

---

[24] vgl. Chamoni, P. / Gluchowski, P.: Analytische Informationssysteme, 2006, S. 25

3.1.3 Definitionen Corporate Performance Management

Der Begriff Corporate Performance Management wurde, wie auch der BI-Begriff, von den Analysten der Gartner Group[25] geprägt. Die Gartner Group ist eines der führenden Marktforschungs- und Analyseunternehmen in der weltweiten Technologie-Industrie. Eine eindeutige und verbindliche Definition gibt es für CPM genauso wenig wie für BI, jedoch haben sich in der Literatur einige Definitionsansätze durchgesetzt.

Die Definition von CPM nach Gartner aus dem Jahr 2001:

„CPM ist ein Überbegriff, der alle Prozesse, Methoden, Kriterien und Systeme beschreibt, die benötigt werden, um die Leistung in einem Unternehmen zu messen und zu steuern."[26]

Der Autor Dieter Spath erläuterte CPM 2003 wie folgt:

„Corporate Performance Management wird als systematischer, an der Unternehmensstrategie ausgerichteter Management-Prozess verstanden, der die Summe aller im Unternehmen erzielten Leistungen bzw. Ergebnisse aus den Leistungsanforderungen und Erwartungen an das Unternehmen darstellt, und damit Transparenz hinsichtlich dessen Wettbewerbsfähigkeit herstellt."[27]

Eine weitere Definition des Autors Wolfgang Martin aus dem Jahr 2005 lautet:

„CPM ist ein Geschäftsmodell, welches es Unternehmen ermöglicht, Unternehmensziele und Geschäftsprozesse kontinuierlich aufeinander abzustimmen und konsistent zu halten."[28]

Unter CPM versteht man also alle Prozesse, Metriken[29], Methoden und Systeme zur Bewertung und Steuerung der Leistungen von Organisationen. Es geht darum, BI auf Basis operativer Anwendungen sowie Daten aus verschiedenen Systemen unter Berücksichtigung der Unternehmenskultur zu verbinden, um sie für die Steuerung der Prozesse zu nutzen. CPM umfasst weiterhin die Fähigkeit zur Innovation, die Anpassungsfähigkeit des eigenen

---

[25] www.gartner.com
[26] Definition nach Gartner von www.cognos.com
[27] vgl. Spath, D.: Corporate Performance Management: Bausteine, Konzepte und Produkte, 2003, S. 6
[28] vgl. Oehler, K.: Corporate Performance Management mit BI-Werkzeugen, 2006, S. 38
[29] allg.: das Messbar machen - in der Unternehmenssteuerung: Planung, Steuerung und Kontrolle von Strategien

CPM – Grundlagen, Implementierungskonzept und Einsatzbeispiele

Geschäftsmodells und der Prozesse sowie die Automatisierung und Standardisierung der Prozesse. Laut Gartner handelt es sich bei CPM um die Ausarbeitung von Strategien und betriebswirtschaftlichen Aktivitäten für Planung, Budgetierung und Steuerung von Unternehmen. Hierbei werden Kennzahlen, so genannte Key Performance Indicators (KPI)[30], definiert und in der Strategie berücksichtigt.

In der heutigen Geschäftswelt werden immer mehr tiefgehende Kenntnisse im Hinblick auf die internationale Rechnungslegung, Finanzberichterstattung und Unternehmensführung erforderlich. Zu wissen was passiert ist, ohne den Grund dafür zu kennen, ist für Unternehmen von geringem Nutzen. Die Entscheider müssen imstande sein, die Leistung der Geschäftprozesse auf operativer, taktischer und strategischer Ebene aktiv zu managen, das heißt zu planen, zu überwachen und zu steuern. Es sollen auf Basis der vorangegangenen Berichte und Analysen aus den integrierten BI-Anwendungen Missstände aufgedeckt werden sowie die Leistung des Unternehmens durch sinnvolle Eingriffe in die Prozesse gesteigert werden. CPM ist also ein System, das nicht nur Informationen generiert, sondern das auch komplexe Prozesse berücksichtigt und diese Informationen und Prozesse in einem einzigen Datenmodell zusammenführt, welches sich konsistent anwenden lässt und sich an den Unternehmenszielen orientiert.

Zusammenfassend kann festgehalten werden, dass Corporate Performance Management im Wesentlichen auf vier Faktoren basiert[31]:

> - *Prozessorientierung:* Eine prozessorientierte Sichtweise des Unternehmens
> - *Metrik- und Zielorientierung:* Definition von Prozesskennzahlen
> - *Methodikunterstützung*: Unterstützung von Methoden und Konzepten zur Implementierung von metrik- und strategieorientierten Managementtheorien
> - *IT-Unterstützung:* IT-Anwendungen zur Integration, Bereitstellung und Analyse von leistungsrelevanten Daten sowie zur Entscheidungsunterstützung und Maßnahmenkommunikation

---

[30] Kennzahlen zur Messung des Fortschritts oder des Erfüllungsgrads hinsichtlich der Zielsetzung
[31] vgl. Strugholtz, S.: Open Source Business Intelligence, 2007, S. 15

3.2 Aufbau Corporate Performance Management

3.2.1 Voraussetzungen Corporate Performance Management

Die grundlegende Voraussetzung zur Nutzung von CPM ist eine Datensammlung und eine effiziente Integration dieser Daten in eine funktionierende IT-Infrastruktur. Da diese Daten aber in unterschiedlichen Unternehmensebenen erzeugt und verarbeitet werden, ist es für einen ganzheitlichen Ansatz notwendig, diese Ebenen ineinander zu integrieren. Das CPM umfasst sowohl die strategische Ebene als auch die Prozess- und Systemebene. Es muss sichergestellt werden, dass diese drei Ebenen nicht einzeln betrachtet sondern aufeinander abgestimmt werden. Dies geschieht mit einem horizontalen und einem vertikalen Abgleich. Der vertikale Abgleich wird in der Systemebene eingesetzt, die aus der Anwenderebene, der Software- und Datenbankebene besteht. Dieser bedient sich der Prozessgestaltung, um die in der Unternehmensstrategie geforderten Ziele erfolgreich mit Hilfe der Informationssysteme erreichen zu können. Die Unternehmensstrategie soll in der Aufbau- und Ablauforganisation umgesetzt werden, um eine effiziente Prozessführung zu gewährleisten und Prozessschnittstellen zu schaffen.[32] Für den strategieorientierten und durchgängigen Top-down-Ansatz[33] des CPM, der im Gegensatz zum Bottom-up-Ansatz[34] des BI steht, ist der vertikale Abgleich der Ebenen sowie die Speicherung von Daten in unterschiedlichen Granularitäten und zeitlichen Aktualitäten Voraussetzung, um konsistente und abfrageorientierte Informationen zu erhalten. Der horizontale Abgleich hingegen verbindet im Umfeld der Applikationsebene die strategische Ebene und die Prozessebene mit der IT-Sicht. Hierbei wird eine Integration der Geschäftsarchitektur in die Systemarchitektur, bestehend aus IT-Strategien und IT-Prozessen, vollzogen. Durch diese Verbindung werden Verknüpfungen von Auswertungsbereichen definiert sowie Daten und Applikationen erzeugt, um übergreifende Analysen zu gewährleisten.

Eine weitere technische Voraussetzung des CPM ist der Closed-Loop-Ansatz, der es dem CPM im Gegensatz zum BI ermöglicht, zukunftsorientiert zu arbeiten. Dieses Kreislaufmodell verbindet den operativen Regelkreis mit dem strategischen Regelkreis und managt so stetig die Leistung von Geschäftsprozessen auf operativer und strategischer Ebene. In der strategischen Ebene werden die Geschäftsprozesse und strategischen KPI's definiert.

---

[32] vgl. Chamoni, P. / Gluchowski, P.: Analytische Informationssysteme, 2006, S. 33 f.
[33] Top-down: Datenauswertung nach vorher festgelegten Zielgrößen
[34] Bottom-up: Verdichtung von Informationen, um neue, bisher unbekannte Daten zu gewinnen

CPM – Grundlagen, Implementierungskonzept und Einsatzbeispiele

Sie bildet die Grundlage zur Gestaltung von Geschäftsprozessen in der operativen Ebene. Hier werden die Prozesse dann anhand des Process Performance Managements (PPM)[35] und des Business Activity Monitoring (BAM)[36] überwacht, kontrolliert und optimiert. Ziel des Closed-Loop-Ansatzes ist demnach ein kontinuierlicher Verbesserungsprozess der Geschäftsprozesse. Um dies zu erreichen, werden die zuvor definierten Unternehmensziele und die daraus abgeleiteten strategischen KPI´s mit den in der operativen Ebene gewonnenen Ist-Daten (Performance- und Prozessanalyse, BAM) abgeglichen. So können Abweichungen von Zielvorgaben schnell ausfindig gemacht und behoben werden. Abbildung 2 verdeutlicht noch einmal graphisch die Verbindung der strategischen mit der operativen Ebene durch den Closed-Loop-Ansatz.

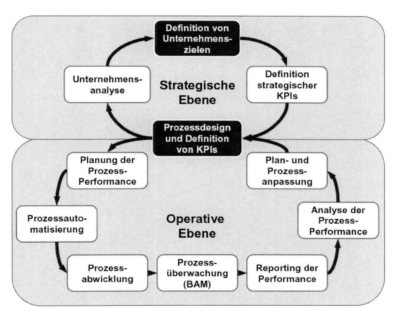

Abbildung 2: Doppelter Regelkreis des CPM[37]

Für den Closed-Loop-Ansatz bzw. den vertikalen und horizontalen Abgleich der Unternehmensebenen bedarf es einer geeigneten IT-Unterstützung mit der richtigen Infrastruktur. Diese Voraussetzung macht eine serviceorientierte Architektur (SOA) für das CPM unabdingbar. Hierbei handelt es sich um einen Ansatz aus der Informationstechnik, um Dienste in einem Unternehmen zu strukturieren und zu nutzen. SOA ist also eine Methode,

---

[35] PPM: regelmäßige Überwachung und Controlling der Leistung von Kernprozessen anhand eines Kennzahlensystems
[36] BAM: detaillierte Informationen über Status und Ergebnisse von Geschäftsprozessen anhand von Analysen und Präsentationen
[37] Abbildung modifiziert übernommen aus Chamoni / Gluchowski: Analyt. Informationssysteme, 2006, S. 35

die vorhandenen EDV-Komponenten zu übergeordneten Diensten zusammenzufassen und eine Orientierung an den Geschäftsprozessen zu gewährleisten. Dadurch wird die Leistung der einzelnen Komponenten erhöht. SOA ist somit eine Architektur, die eine Unternehmensanwendungsintegration (Enterprise Application Integration, EAI[38]) ermöglicht, indem die Komplexität der einzelnen Anwendungen hinter standardisierten Schnittstellen verborgen wird. Ziel der serviceorientierten Architektur ist eine langfristige Kostensenkung bei der Softwareentwicklung sowie die Erreichung einer höheren Flexibilität der Geschäftsprozesse durch die Wiederverwendung von vorhandenen Services. SOA ist als Infrastruktur für CPM notwendig, um den Lebenszyklus von Geschäftsprozessen im Kreislaufmodell zu managen und die Prozesse dadurch von den zugrunde liegenden IT-Systemen und -Anwendungen unabhängig zu machen. Die Prozesse können also jederzeit an sich ändernde Marktbedingungen oder wechselnde Kundenbedürfnisse angepasst werden, damit so eine optimale Prozessperformance erhalten werden kann. Durch die in SOA eingebettete Analytik wird die Planung, Überwachung und Steuerung der Prozesse und ihrer Performance ermöglicht, das heißt Probleme können rechtzeitig erkannt und Gegenmaßnahmen ergriffen werden.[39] Tabelle 4 zeigt die wesentlichen Eigenschaften von CPM und BI im direkten Vergleich und macht somit endgültig den Unterschied zwischen den beiden Ansätzen klar.

	BI	CPM
Nutzer	Analysten, Servicekräfte, Management	Entscheider, Management, Führungskräfte
Fokus	datenzentriert	prozessorientiert
Datenquellen	DWH	Right-Time DWH
Datenintegration	klassisches ETL	klassisches ETL, SOA, EAI
Sicht	historisch	aktuell
Zugriffsform	lesend	lesend und schreibend
Closed-Loop	nein	ja
Top-down	nein	ja
Bottom-up	ja	ja

Tabelle 4: Vergleich CPM- und BI-Konzept

---

[38] EAI: Planung, Methoden und Software um Anwendungssysteme prozessorientiert in IT-Anwendungsarchitekturen zu integrieren
[39] vgl. Martin, W / Nussdörfer, R.: CPM – Analytische Services in einer SOA, 2009, S. 8

3.2.2 Komponenten Corporate Performance Management

Nachdem die Voraussetzungen für ein erfolgreiches CPM geklärt sind, geht es in diesem Gliederungspunkt um die verschiedenen Bausteine des CPM. Dieter Spath identifizierte 2003 die folgenden vier Komponenten, die letztendlich den Kern des CPM bilden[40]:

- *Business Intelligence:* BI-Anwendungen unterstützen Planung, Budgetierung, Reporting, Konsolidierung und Analyse des operativen Geschäfts mit Werkzeugen für strategische Aufgaben wie zum Beispiel Scorecarding, Portfolioanalysen und Erfolgsmessung.

- *Competitive Intelligence (CI):* Unter der Konkurrenz- bzw. Wettbewerbsforschung werden die systematische und legale Sammlung, Analyse und Aufbereitung von Informationen verstanden, welche die Fähigkeiten, Schwächen und Absichten der Konkurrenten aufzeigen. Durch CI können Unternehmen frühzeitig ihre Strategien an sich ändernde Wettbewerbsstrukturen anpassen und aufgrund von besseren Informationen Wettbewerbsvorteile erreichen. Hauptaufgabe des CI ist die kontinuierliche und systematische Beobachtung und Bewertung des Marktes und der daraus folgenden frühzeitigen Erkennung externer Entwicklungen.

- *Intangible Asset Management (IAM):* Bei diesem ganzheitlichen Ansatz handelt es sich um die Bewertung und Analyse von immateriellen Vermögensgegenständen einer Organisation, wie etwa der Patente, der Verfügbarkeit talentierter Wissensarbeiter, der Standortvorteile, dem Bekanntheitsgrad des Firmennamens oder produktiven Beziehungen zu Geschäftspartnern und Kunden. Diese Bewertung ist für Unternehmen von Bedeutung, deren Wettbewerbsvorteile eher auf immateriellem als auf materiellem Vermögen aufgebaut sind. Gegenstand des IAM's ist die Erfassung der Effektivität und Effizienz der Entwicklung anhand von KPI's. Um allerdings eine Analyse durchführen zu können, ist eine vorherige Klassifizierung der immateriellen Vermögensgegenstände notwendig.

- *Cultural Transformation:* Ziel der Cultural Transformation ist die stetige Stärkung der Unternehmensqualität und der Managementreife sowie eine effektive und

---

[40] vgl. Spath, D.: Corporate Performance Management: Bausteine, Konzepte und Produkte, 2003, S. 7 f.

kontinuierliche Verbesserung der Geschäftsprozesse. Erreicht wird diese Transformation durch eine zielgerichtete Förderung erwünschter Einstellungen und Verhaltensweisen, welche beispielsweise Produkt- und Servicequalität steigern soll. Ist- und Sollwerte müssen anhand der Unternehmensziele erfasst, geplant und kontrolliert werden.

Das Zusammenspiel dieser vier Komponenten und die Erfüllung der geforderten Voraussetzungen bilden das CPM und helfen den Unternehmen, durch diesen ganzheitlichen Ansatz zu intelligenten Organisationen zu wachsen.

3.2.3 Technologie-Einsatz für das Corporate Performance Management

CPM-Lösungen stellen im Unternehmen ein Kommunikationswerkzeug dar, das die Unternehmensstrategie in messbare Erfolgsfaktoren transferiert und in alle Organisationseinheiten vermittelt. Den Technologien für CPM-Lösungen kommt deshalb ein wichtiger Stellenwert für die Analyse von Daten und das Controlling von KPI´s zur Messung des Unternehmenserfolgs zu. Die Technologien müssen sinnvoll und aufgaben-orientiert miteinander verbunden und aufeinander abgestimmt werden, damit die komplexen Aufgabenstellungen des CPM´s gelöst sowie das reibungslose Zusammenspiel von BI, CI, IAM und Cultural Transformation gewährleistet werden kann. Die nachfolgende Grafik zeigt auf, welche Technologien im Umfeld von CPM miteinander verbunden werden müssen, um die Aufgabenstellungen des CPM´s zu bearbeiten als auch das Ziel der Zusammenführung von Informationen und der Verbesserung von Prozessen zu erreichen.

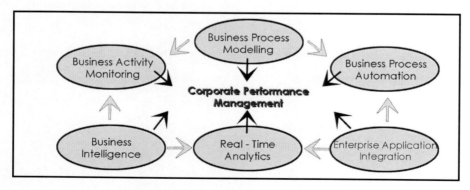

Abbildung 3: CPM-unterstützende Technologien[41]

---

[41] Abbildung modifiziert übernommen aus Chamoni / Gluchowski: Analyt. Informationssysteme, 2006, S. 43

Zu den angesprochenen komplexen Aufgabenstellungen gehören beispielsweise die Klärung und Umsetzung von wettbewerbsstärkenden Strategien, die Neugestaltung von Geschäftsprozessen und Strategien bei sich ändernden Umweltbedingungen, Innovationen zu analysieren, zu bewerten und auszuwählen, die Organisationsstrukturen an veränderte Prozessarchitekturen anzupassen und strategiekonforme Unternehmenssteuerungssysteme wie etwa das operative und strategische Controlling zu realisieren. In der Geschäftsprozessmodellierung (Business Process Modelling) werden die Geschäftsprozesse modelliert und dann von der Business Process Automation ausgeführt. Die Business Process Automation gewährleistet die automatisierte Ausführung von Ablauf- und Geschäftsprozessen durch die Verbindung der EAI mit dem Business Process Modelling.[42] Durch die Real-Time Analytics wird die Verringerung der Latenzzeiten in der Entscheidungsunterstützung durch die Verbindung von BI und EAI ermöglicht. Dies geschieht meist durch ein Right-Time DWH, bei dem der ETL-Prozess teilweise oder ganz ersetzt wird, und die operativen Transaktionsdaten in Echtzeit in das DWH integriert werden. Das BAM verbindet schließlich das BI mit dem Business Process Modelling, wobei die Möglichkeit entsteht, die Plandaten der Unternehmen mit den tatsächlich erreichten Prozesskennzahlen abzugleichen. Ein Optimierungspotential bei den Geschäftsprozessen ist die Folge dieser Verbindung und ein weiterer wichtiger Schritt zur Operationalisierung.[43]

3.3 Instrumente zur Performanceverbesserung

Die Steigerung der Unternehmensleistung ist die zentrale Aufgabe des Managements. Um diese Aufgabe erfolgreich zu erfüllen werden der Unternehmensleitung durch das CPM einige Instrumente zur Verfügung gestellt, die sich mit den Methoden, den Prozessen und der Steuerung des Unternehmens beschäftigen. Das BI ist dabei als Basis dieser Instrumente von großer Bedeutung. Bei den Anwendungen zur Performanceverbesserung wird zwischen prozessorientierten und strategieorientierten Corporate Performance Management-Instrumenten unterschieden. Abbildung 4 gibt einen Überblick über die einzelnen Instrumente der beiden Ansätze zur Performancesteigerung. Eine Abgrenzung und Erklärung der einzelnen Instrumente erfolgt in den nächsten Gliederungspunkten.[44]

---

[42] vgl. Chamoni, P. / Gluchowski, P.: Analytische Informationssysteme, 2006, S. 43
[43] vgl. Chamoni, P. / Gluchowski, P.: Analytische Informationssysteme, 2006, S. 43
[44] vgl. Findeisen, D. / Hannig, U. / Franke, R.: Corporate Performance Management, 2008, S. 98 f.

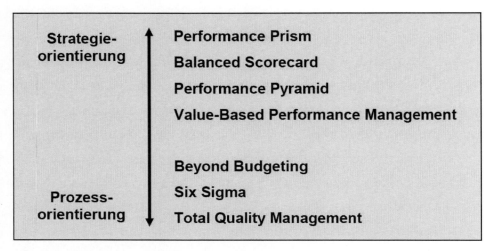

Abbildung 4: Überblick über prozess- bzw. strategieorientierte CPM-Instrumente[45]

3.3.1 Prozessorientierte Instrumente

Durch die Globalisierung und eine gestiegene Angebotstransparenz erzielen nur die Unternehmen Gewinne, welche die von den Nachfragern gewünschten Produkte zu möglichst geringen Kosten erzeugen können. Die prozessorientierten Instrumente dienen den Unternehmen zur Ausrichtung der Organisation und der Prozesse nach den Bedürfnissen ihrer Kunden. Hierbei handelt es sich um ganzheitliche Ansätze und Verfahren, die an den Steuerungsprozessen ansetzen, um die Unternehmensperformance zu verbessern.

a.) Beyond Budgeting

Der Beyond Budgeting-Ansatz befindet sich an der Grenze zwischen den prozess- und strategieorientierten CPM-Instrumenten. Die Entwicklung wurde durch die Kritik an den budgetbasierten Steuerungsprozessen vorangetrieben. Die Kritik an der jährlichen Budgetierung erfolgte durch die fehlende Anpassung an die wachsende Komplexität und Dynamik der Unternehmensumwelt sowie durch den mangelnden Einfluss wichtiger Erfolgsfaktoren auf das Budget, wie beispielsweise die Kundenzufriedenheit. Ein hoher zeitlicher Aufwand mit erhöhten Kosten für die Unternehmen und dadurch die Verschiebung

---

[45] Abbildung modifiziert übernommen aus Findeisen / Hannig / Franke: Corporate Performance Management, 2008, S. 99

notwendiger Investitionen in Folgeperioden, um eine Budgetüberschreitung zu vermeiden, steigerten die Notwendigkeit einer Veränderung in der herkömmlichen Budgetierung. Ein weiterer großer Schwachpunkt in Unternehmen mit zentraler Budgetierung ist, dass den Mitarbeitern vor Ort nicht genügend Kompetenzen übertragen werden. Dadurch können sie nicht schnell genug auf Veränderungen der Marktsituationen reagieren. Genau hier setzt der Beyond Budgeting-Ansatz an. Er belässt die Verantwortung für die Performance auf der operativen Ebene und verlagert die Macht vom zentralen Management an das Management vor Ort. Dies stärkt zum einen das Urteilsvermögen und fördert die Eigeninitiative, zum anderen steigert es die Motivation und Einsatzbereitschaft der Mitarbeiter. Kennzeichnend für den Beyond Budgeting-Ansatz ist die Tatsache, dass es keine festen, vom Top-Management vorgegebenen Ziele gibt sondern dass Mitarbeiter und Teams ihre Ziele selbständig bestimmen. Jährlich festgelegte Budgets entfallen da sie durch relative Leistungsverträge zwischen den Abteilungen und der Unternehmensführung ersetzt werden. Der Vorteil dieser Verträge ist, dass sich die Mitarbeiter der Abteilungen intensiv mit Ausweichstrategien zur Zielerreichung beschäftigen und sich durch die Delegation der Verantwortung zur Zielerreichung zu einer kontinuierlichen Leistungs-verbesserung verpflichten. Im Vordergrund steht also eine Flexibilisierung von Planung und Steuerung, um eine effektive Umsetzung der Unternehmensstrategie in situationsbezogener Weise zu gewährleisten. Die Verbesserung der operativen Prozesse steht beim Beyond Budgeting im Vordergrund. Die Strategie wird an die einzelnen Mitarbeiter kommuniziert und deren Einflussmöglichkeiten zur Performanceverbesserung werden in den Zielvereinbarungen festgehalten. Durch die Verlagerung von Entscheidungsbefugnissen auf die operativen Ebenen wird der Verwaltungsaufwand deutlich reduziert sowie die Kundenorientierung verbessert.

b.) Total Quality Management

Die Erkenntnis über den Zusammenhang zwischen gelieferter Qualität und Unternehmenserfolg ebnete in den 1980er Jahren den Weg für das Total Quality Management (TQM). Dabei wurde der Gedanke, die Qualität in allen Unternehmensbereichen zu überwachen und zu steuern, in einen ganzheitlichen Ansatz zur wirtschaftlichen Ausrichtung sämtlicher Unternehmensaktivitäten auf die Kundenanforderungen weiterentwickelt. TQM wurde in der japanischen Automobilindustrie entwickelt und schließlich zum Erfolgsmodell, wobei alle an der Wertschöpfungskette beteiligten Interessengruppen, wie zum Beispiel

CPM – Grundlagen, Implementierungskonzept und Einsatzbeispiele

Kunden, Mitarbeiter, Zulieferer und Absatzmittler, mit eingebunden werden müssen. Ziel dieses Ansatzes ist die ständige Verbesserung des Produktionsprozesses, um eine höhere Produktivität zu erreichen, was eine Verbesserung der Wettbewerbsfähigkeit sowie Kostensenkungen zur Folge hat. Dieser Ansatz bezieht sich jedoch nicht nur auf die Produkte und Dienstleistungen, sondern auch auf die einzelnen Prozesse, die Arbeitsbedingungen und die Umwelt. Der Maßstab für Qualität ist stets der Erfüllungsgrad der Kundenbedürfnisse, wobei alle Abläufe, die das Produkt betreffen, in den Qualitätsmanagementprozess einzubeziehen sind. Kritische Erfolgsfaktoren des TQM sind Kundennähe, Kontinuität in der Zusammenarbeit mit Lieferanten, Flexibilität sowie Prozess- und Ergebnisorientierung. Vor diesem Hintergrund ist das TQM keine Unternehmensfunktion, sondern vielmehr eine Führungsaufgabe, der sämtliche Funktionen des Unternehmens untergeordnet sind. Der Fokus des TQM liegt in der Verbesserung der operativen Prozesse, das heißt Qualitätsdenken muss im Unternehmen gefördert und belohnt werden, damit der kontinuierliche Verbesserungsprozess stetig voranschreitet. Gemessen wird die Verbesserung der operativen Prozesse über die vergangenheitsbezogene Betrachtung von Finanzkennzahlen.

c.) Six Sigma

Six Sigma ist ebenso wie TQM ein Instrument zur kontinuierlichen Verbesserung der Unternehmensprozesse und zur Verbesserung der Produktqualität, jedoch weist Six Sigma zusätzlich das Streben nach einem Null-Fehler-Ziel auf. Durch den andauernden Verbesserungsprozess der Unternehmensprozesse sollen Fehlerquoten verringert sowie gleichzeitig Produktqualität, Kundenzufriedenheit und finanzielle Ergebnisse gesteigert werden. Es handelt sich also ebenfalls um eine Methode zur Optimierung von Prozessen und Produkten, die auf die Erfüllung von Kundenbedürfnissen abzielt. Der Kundenwunsch ist Ausgangspunkt für Six Sigma. Prozesse und Produkte werden aus Sicht der Nachfrager betrachtet und entsprechend ihrer Anforderungen überarbeitet. Deshalb werden alle Aktivitäten auf wertschöpfende und nicht-wertschöpfende Anteile untersucht mit dem Ziel, die nicht-wertschöpfenden Anteile zu reduzieren. Dies geschieht durch Automatisierung, Eliminierung von Aktivitäten und Reduzierung der Prozessteilnehmer als auch der Prozesskomplexität, mit dem Ziel, Verschwendungen zu vermeiden. Der gesamte Geschäftsprozess wird durch Six Sigma als mathematische Funktion betrachtet, um Variablen zu identifizieren, die besonders starken Einfluss auf den gewünschten Output haben. Die

CPM – Grundlagen, Implementierungskonzept und Einsatzbeispiele

Kernelemente sind die Beschreibung, Messung, Analyse, Verbesserung und Überwachung von Geschäftsvorgängen mit statistischen Mitteln. Dadurch lassen sich Geschäftsprozesse weiterentwickeln und Kundenbedürfnisse befriedigen, was Kostensenkungen und Qualitätserhöhungen zur Folge hat. Dieses wiederum führt zu einer Steigerung der Rentabilität in den Unternehmen. Hauptziel von Six Sigma ist also die Befriedigung von Kundenbedürfnissen unter Einbezug von wirtschaftlichen Gesichtspunkten.

Der Six Sigma Verbesserungsprozess gliedert sich in fünf Phasen, die in nachfolgender Tabelle übersichtlich dargestellt werden.

Phase	**Beschreibung**
Definition	Der zu verbessernde Prozess wird identifiziert, das Problem wird beschrieben.
Messung	Es wird durch eine Prozessfähigkeitsuntersuchung festgestellt, wie gut der Prozess die bestehenden Kundenanforderungen erfüllt.
Auswertung	Durch Prozessanalysen wird nach Ursachen gesucht, warum der Prozess die Kundenanforderungen noch nicht im gewünschten Ausmaß erfüllt.
Verbesserung	Nachdem verstanden wurde, wie der Prozess funktioniert, wird nun die Verbesserung geplant, getestet und letztendlich eingeführt.
Steuerung	Der neue Prozess wird mit statistischen Methoden überwacht.

Tabelle 5: Phasen des Six Sigma-Verbesserungsprozesses[46]

3.3.2 Strategieorientierte Instrumente

Die strategieorientierten Instrumente konzentrieren sich auf die zentralen Leistungsgrößen, die den Fortschritt der Strategieumsetzung mit Hilfe von KPI´s abbilden. Hierbei werden finanzielle und nicht-finanzielle, quantitative und qualitative sowie vergangenheits- und zukunftsorientierte Messgrößen betrachtet, um den mehrdimensionalen Charakter der Unternehmensstrategie aufzuzeigen.

---

[46] vgl. Findeisen, D. / Hannig, U. / Franke, R.: Corporate Performance Management, 2008, S. 104

a.) Performance Pyramid

Das Corporate Performance Management ist aus dem Wunsch heraus entwickelt worden, nicht nur auf vergangenheitsbezogene Analysen und Berichte zur Unternehmenssteuerung zurückzugreifen. Der Performance Pyramid-Ansatz ist ein Instrument, mit dem sich auch Zusammenhänge über künftige Ereignisse herstellen lassen. Er unterscheidet sich von den klassischen Performance-Measurement-Systemen in zwei Punkten. Es erfolgt eine gleichwertige Betrachtung der Kunden- und Finanzperspektive und nicht-monetäre Größen sowohl bei der Steuerung und Strategieumsetzung als auch bei der Messung des Unternehmenserfolgs werden berücksichtigt. Auch die Mitarbeiter werden indirekt durch die Kombination von Kennzahlen der Kunden- und Finanzperspektive als dritte Einflussgruppe mit einbezogen. Um das Ziel der Unterstützung des Managements zu erreichen, ist es wichtig, die Unternehmensziele über alle Hierarchieebenen und Organisationseinheiten hinweg zu kommunizieren und gemeinsam Zielvorgaben zu erarbeiten. Voraussetzung hierfür ist die hierarchieübergreifende Bereitstellung aller nötigen Informationen in Form von qualitativen und quantitativen Kennzahlen.

Abbildung 5 zeigt die Betrachtung der Kunden- und Finanzperspektive in den Unternehmen.

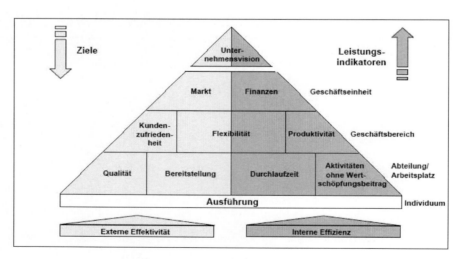

Abbildung 5: Die Performance-Pyramide[47]

An der Unternehmensspitze wird primär die Strategieumsetzung verfolgt. Somit steht in der Pyramide die Unternehmensvision an oberster Stelle, wobei sie über alle darunter liegenden

---
[47] vgl. Findeisen, D. / Hannig, U. / Franke, R.: Corporate Performance Management, 2008, S. 113

CPM – Grundlagen, Implementierungskonzept und Einsatzbeispiele

Hierarchieebenen, von der Unternehmensleitung bis zur Mitarbeiterebene, kommuniziert werden muss. Auf der Ebene der Geschäftsbereiche stehen finanzielle Aspekte und Marktaspekte im Vordergrund. Innerhalb der Geschäftsbereiche werden die Aspekte Kundenzufriedenheit, Flexibilität, Innovation und Produktivität betont. Auf der Arbeitsplatzebene werden Einzelelemente wie Qualität und Einhaltung des Liefertermins sowie intern orientierte Faktoren wie Durchlaufzeit und Ausschussquote verfolgt. Die marktbezogenen Messgrößen helfen, die externe Effektivität zu verbessern, und die prozessorientierten KPI's steigern die interne Effizienz. Diese Kennzahlen werden zu Leistungsindikatoren zusammengefasst und zur Unternehmensleitung transportiert. In diesem Konzept wird das Unternehmen also aus drei Blickwinkeln, nämlich dem der Kunden, der Kapitaleigner und der Mitarbeiter, abgebildet. Besondere Bedeutung haben dabei die Marktanforderungen der Kunden und die finanziellen Erwartungen der Kapitaleigner.

Abbildung 6 verdeutlicht, inwiefern die Leistungsindikatoren über die Hierarchieebenen miteinander in Beziehung stehen, und wie sie dem Management Zusammenhänge aufzeigen. Man geht beispielsweise davon aus, dass es einen positiven Zusammenhang zwischen der von den Mitarbeitern vor Ort erbrachten Leistung und der Kundenzufriedenheit gibt, welcher sich wiederum positiv auf den Marktanteil auswirkt.

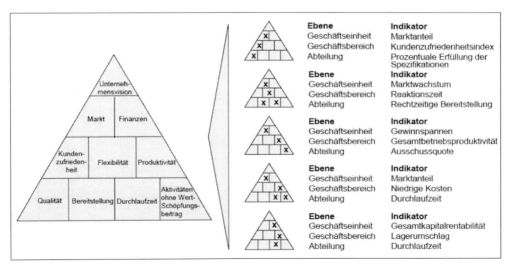

Abbildung 6: Key Performance Indicators nach Hierarchieebenen[48]

---

[48] vgl. Findeisen, D. / Hannig, U. / Franke, R.: Corporate Performance Management, 2008, S. 114

Als Fazit lässt sich festhalten, dass die Performance-Pyramide die wichtigsten zur Steuerung eines Unternehmens notwendigen KPI's abbildet und damit eine Verbindung der Strategie mit den Prozessen auf den einzelnen Hierarchieebenen gewährleistet.

b.) Balanced Scorecard

Das in Unternehmen am häufigsten eingesetzte Instrument zur Strategieimplementierung ist die Anfang der 1990er Jahre von Kaplan und Norton entwickelte Balanced Scorecard (BSC), deren Nutzen für die strategische Planung weit über ein klassisches Berichtssystem hinausgeht. Die BSC bietet die Möglichkeit der Konkretisierung der Unternehmensstrategie durch Zielableitungen, Kennzahlendefinition und die Bereitstellung eines Maßnahmenprogramms mit Hilfe einer ganzheitlichen Leistungsbeurteilung von Finanz- und Prozesskennzahlen. Der Erfolg der BSC beruht auf der Erkenntnis, dass lediglich die Betrachtung von vergangenheitsbezogenen Finanzkennzahlen zur Strategieumsetzung nicht ausreicht, sondern dass zur Festlegung des künftigen Kurses auch die Prozesskennzahlen eine wichtige Rolle spielen. Nur durch diese gleichwertige Betrachtung von Finanz- und Prozesskennzahlen ist es möglich, die Zielerreichung zu planen und zu verfolgen sowie den Fortschritt der Strategieumsetzung zu überprüfen. Die BSC ist damit ein Instrument, welches das Management dabei unterstützt, die Strategie in strategische Aktionen zu überführen.

Diese strategischen Aktionen erstrecken sich auf vier gleichwertig zu behandelnde Perspektiven, nämlich die Finanzen, Kunden, Prozesse und Potentiale. Die zwischen den einzelnen Perspektiven bestehenden Ursache-Wirkung-Beziehungen sollen durch die BSC aufgezeigt, definiert und analysiert werden, um ein ausgewogenes System zu schaffen. Dafür müssen zu jeder Perspektive Aussagen getroffen werden, um zu verhindern, dass bei der Festlegung der strategischen Maßnahmen beispielsweise ein zu hoher Fokus auf die Verfolgung der kurzfristigen finanzwirtschaftlichen Ziele gelegt wird. Das kann dem Unternehmen langfristig Wettbewerbsnachteile bringen, da zu wenig in Prozesse oder Potentiale investiert wurde. Sind die Ursache-Wirkung-Beziehungen definiert und die jeweiligen Ziele mit Leistungskennzahlen verknüpft, werden mithilfe der BSC die Vorgaben und Maßnahmen zur Erreichung der Ziele dokumentiert und transparent visualisiert. Die so geschaffene ganzheitliche Übersicht versetzt die Führungskräfte in die Lage, bessere Strategieentscheidungen zu treffen und die Umsetzung qualitativ und quantitativ zu bewerten.

Abbildung 7 zeigt die Grundform der BSC mit dem Zusammenhang der einzelnen Perspektiven.

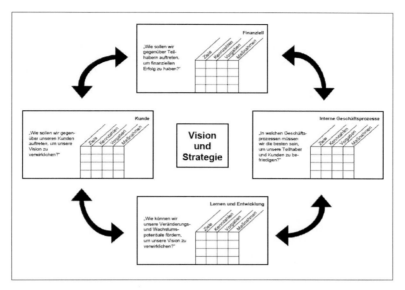

Abbildung 7: Grundform der BSC mit den vier Standardperspektiven[49]

Die Finanzperspektive beinhaltet die klassische Sichtweise ertragsorientierter Unternehmen, bei denen Rendite- und Wachstumsziele an oberster Stelle stehen. Sie stellt daher die Ausgangsperspektive dar und gibt Aufschluss darüber, ob der wirtschaftliche Erfolg aus Sicht der Kapitalgeber erreicht wird. Doch finanziellen Erfolg wird ein Unternehmen nur dann haben, wenn es die Bedürfnisse der Nachfrager besser befriedigt, als es den Konkurrenzunternehmen möglich ist. Die Kundenperspektive konzentriert sich deshalb auf die Bedürfnisse der Nachfrager und die Positionierung des Leistungsangebots am Markt. Die Prozessperspektive zielt auf die Verbesserung der Prozesse im Unternehmen ab, welche für die Strategieumsetzung von besonderer Bedeutung sind. Nur wenn diese optimal funktionieren, können die Ziele der Finanz- und Kundenperspektive erreicht werden. Die Zukunftsorientierung der BSC wird bei der Potentialperspektive, die ein Lernen und Entwickeln möglich macht, deutlich Hierbei besteht das Ziel darin, Potentiale zu entwickeln, die es den Unternehmen ermöglichen, Veränderungen am Markt erfolgreich zu nutzen und sich somit Wettbewerbsvorteile zu sichern. Voraussetzung hierfür ist, das Wissen der Organisation zu vergrößern und zur richtigen Zeit am richtigen Ort zur Verfügung zu stellen. Eine effektive Strategiekommunikation zielt auf Akzeptanz, Beteiligung und Verbindlichkeit

---

[49] Abbildung übernommen aus Findeisen / Hannig / Franke: Corporate Performance Management, 2008, S. 118

bei den Mitarbeitern ab, denn erfolgreich ist die BSC nur dann, wenn sie strategiegemäße Handlungen hervorrufen kann. Die Grundlagen hierfür sind, die Handlungsvoraussetzungen zu klären und ein Feedback einzuführen, um ein Lernen möglich zu machen. Regelmäßige Strategiedialoge, wie beispielsweise Zielvereinbarungs- und Mitarbeitergespräche, schlagen hier ebenso die Brücke zum alltäglichen Handeln wie die Abfrage des aktuellen Stands der BSC. Durch die BSC werden die Mitarbeiter gestärkt und erhalten eine eigene Perspektive. Ihre Tätigkeit leistet einen messbaren Beitrag zur Umsetzung der Gesamtstrategie der Unternehmung. Deutlich wird, dass jede BSC so individuell sein wird wie das Unternehmen, das sie abbildet. Aus diesem Grund ist es wenig von Nutzen, sich an Kennzahlen seiner Konkurrenten oder anderer Unternehmen zu orientieren. In erster Linie geht es darum, die eigenen Kernkompetenzen und Wettbewerbsvorteile mit Hilfe der BSC strategisch zu steuern.

c.) Performance Prism

Der im Jahr 2002 von Neely, Adams und Kennerly veröffentlichte Performance-Prism-Ansatz fordert die Berücksichtigung aller relevanten Interessengruppen zum Performance Management. Dieses Instrument unterscheidet sich damit erheblich von der Performance-Pyramide, bei der die Interessen der Kapitalgeber und Kunden im Vordergrund stehen, sowie von der BSC mit ihren vier zu berücksichtigenden Perspektiven. Natürlich können nicht alle Stakeholdergruppen, wie etwa Investoren, Kunden, Mitarbeiter, Gewerkschaften, Lieferanten, Behörden oder Verbraucherverbände, denen gegenüber eine Organisation rechenschaftspflichtig ist, zu jedem Zeitpunkt in die Performancemessung mit einbezogen werden. Daher ist es für das Management notwendig, in Abhängigkeit der aktuellen Situation des Unternehmens Schwerpunkte zu setzen und Gewichtungen vorzunehmen. Der Vorteil der Betrachtung mehrerer Stakeholdergruppen sind sowohl die Schaffung als auch der strategiekonforme Einsatz von relevantem Wissen, welches durch die umfassende Betrachtung auf einer bestmöglichen Datenbasis generiert wird. Vor diesem Hintergrund beschäftigen sich auch zwei der insgesamt fünf Performanceperspektiven des Prismas mit den Stakeholdern. Wie Abbildung 8 zeigt, umfasst dieser Ansatz neben der Stakeholderzufriedenheit und dem Beitrag der Stakeholder zum Unternehmenserfolg außerdem die Betrachtung der Strategien, Prozesse und Ressourcen, wobei diese drei Performanceperspektiven auf den gewonnenen Erkenntnissen der Stakeholderanalysen aufbauen.

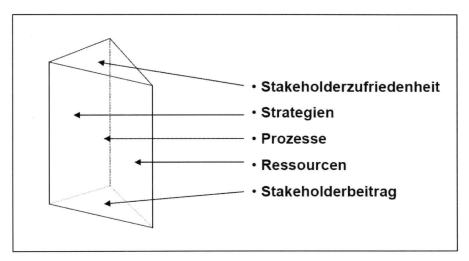

Abbildung 8: Das Performanceprisma[50]

Die fünf Perspektiven des Modells stellen folgende Themen in den Vordergrund der Performancebetrachtung:

> *Stakeholderzufriedenheit:* Identifikation der wichtigsten Einflussgruppen mit ihren Bedürfnissen und Wünschen. Die Leistungsziele werden an den Erwartungen der Interessengruppen ausgerichtet und nicht aus der Strategie abgeleitet.

> *Stakeholderbeitrag zum Unternehmenserfolg:* Identifikation der Stakeholder und der Leistungen, die sie zur Unterstützung der Unternehmensziele beitragen können. Beispielsweise entwickeln die Mitarbeiter Ideen und schaffen Wettbewerbsvorteile durch die Bereitstellung von Leistungsfähigkeit und Wissen oder die Lieferanten bieten Systemlösungen und beteiligen sich an Entwicklungs- und Produktionsprozessen.

> *Strategien:* Entwicklung von Strategien für das Unternehmen, die Geschäftseinheiten, für Marken, Produkte und Dienstleistungen und das operative Geschäft, um die Bedürfnisse der identifizierten Stakeholder zu befriedigen.

---

[50] Abbildung übernommen aus Findeisen / Hannig / Franke: Corporate Performance Management, 2008, S. 123

> *Prozesse:* Identifikation der kritischen Prozesse zur Umsetzung der Strategie, zur Entwicklung von Angeboten und zur Schaffung von Nachfrage, zur Erfüllung von Anforderungen und zur Steuerung des Unternehmens.

> *Ressourcen:* Identifikation der Ressourcen und Fähigkeiten von Mitarbeitern, Verfahren, Technologien und der Infrastruktur, um die Prozesse effektiv und effizient betreiben zu können.

Das Performance Prism hebt sich von den anderen Instrumenten zur Performanceverbesserung durch die Betrachtung unterschiedlichster Anspruchsgruppen und deren Einfluss auf den Unternehmenserfolg ab. Es ist somit das Fortgeschrittenste aber auch das Komplexeste der vorgestellten Modelle.

d.) Value-Based Performance Management

Neben der Performance Pyramid, der Balanced Scorecard und dem Performance Prism stellt das Value-Based Performance Management (VBPM) das vierte Instrument des CPM im engeren Sinne dar. Durch die Operationalisierung der Strategie auf allen Leistungsebenen soll das zentrale Ziel, die Steigerung des Unternehmenswertes, erreicht werden. Dieser Ansatz verbindet also die wertorientierte Unternehmensführung mit dem Performance Measurement. Auf der einen Seite müssen daher die Ansprüche der Shareholder befriedigt werden, auf der anderen Seite wird ein adäquates Steuerungsinstrument benötigt, um diesen Ansprüchen gerecht zu werden. Das Konzept sieht drei Ebenen der Steuerung vor: die Prozesssteuerung als Basis, die Geschäftssteuerung als Kern sowie die Portfoliosteuerung als die Spitze des Dreiecks (vgl. Abbildung 9). Im Rahmen der Portfoliosteuerung werden die Beiträge der einzelnen Geschäftsfelder zur Steigerung des Unternehmenswertes ermittelt, wobei der Stand des Lebenszyklus zu berücksichtigen ist, da er erheblichen Einfluss auf die Profitabilität hat. Die Verankerung der Wertorientierung auf den einzelnen Unternehmensebenen erfolgt durch die operative Steuerung der Geschäftsfelder im Sinne der Unternehmensziele. Dies geschieht durch die Verbindung von Shareholder-Value-Kenngrößen mit wertorientierten KPI's in der Ebene der Geschäftssteuerung. Unter der Prozesssteuerung versteht man in diesem Kontext die Ausrichtung aller Unternehmensaktivitäten auf das übergeordnete Ziel der Steigerung des Unternehmenswertes. Zur Ermittlung der relevanten Leistungsindikatoren werden monetäre und nicht-monetäre Steuerungsgrößen auf alle Unternehmensebenen heruntergebrochen, abgeglichen und den Verantwortlichen für die Prozesssteuerung zur Verfügung gestellt. Im Rahmen der Management- und Controllingprozesse müssen Ursache-Wirkung-Zusammenhänge erkannt, die Steuerungsgrößen herausgearbeitet sowie die Mitarbeiter über die gewonnenen Erkenntnisse und über ihren persönlichen Beitrag zum Unternehmenserfolg informiert werden. Mithilfe des Informationsmanagements werden die erforderlichen Steuerungsinformationen zur Verfügung gestellt.

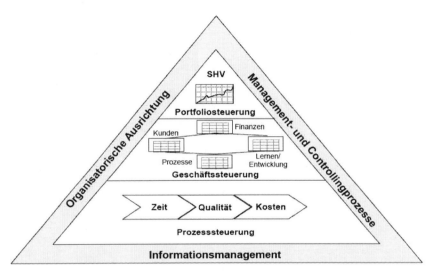

Abbildung 9: Konzept des Value-Based Performance Management[51]

Die Vorteile des VBPM sind die Zukunftsorientierung, die Verzahnung der Wertorientierung mit operativen Leistungsgrößen sowie der Einbezug der Mitarbeiter. Als Schwäche des Ansatzes gilt der erhebliche Ermessensspielraum bei der Unternehmensbewertung.

3.4 Vorteile für Unternehmen durch CPM

CPM schafft eine zeitgerechte Möglichkeit zur Reaktion bei einer Abweichung der Unternehmensperformance von der festgelegten Strategie sowie den Umwelt- und Rahmenbedingungen. Die Unternehmen können mit Hilfe des CPM ihre Geschäftsprozesse ohne großen Aufwand ändern, womit sich eine breite Palette unterschiedlichster Vorteile ergibt. Um dieses Potential, das von CPM-Lösungen ausgeht, auch voll ausschöpfen zu können,

---

[51] Abbildung übernommen aus Findeisen / Hannig / Franke: Corporate Performance Management, 2008, S. 127

CPM – Grundlagen, Implementierungskonzept und Einsatzbeispiele

muss jedoch die Erfüllung der angesprochenen Voraussetzungen sowie das Zusammenspiel der einzelnen Komponenten und Technologien gewährleistet werden.

Die Vorteile des CPM für Unternehmen nach Chamoni und Gluchowski[52] sind:

- CPM gestattet eine umfassende Gesamtsicht auf die Leistungserbringung von Unternehmen. Dies schafft Transparenz, ermöglicht die Verbesserung der Ergebnisse und unterstützt eine effiziente Unternehmensführung.

- CPM gleicht die gegenwärtige Leistung von Unternehmen mit den operativen Unternehmenszielen und dem historischen Performance-Verlauf ab. Diese Trendaussagen können helfen, das Auftreten und die Eskalation von Problemen zu vermeiden.

- CPM verdichtet und filtert Informationen. Es verfolgt das Ziel der Informationsdemokratie und ermöglicht allen Interessengruppen den Zugriff auf die für sie relevanten Daten in passender Qualität zum richtigen Zeitpunkt. Dabei muss sich die Liefergeschwindigkeit an die Geschwindigkeit der Geschäftsprozesse anpassen. Datenlieferung sowie eine verbesserte Entscheidungsunterstützung in Echtzeit sind Herausforderung und Ziel zugleich.

- CPM stellt unternehmensweit und zu jedem Zeitpunkt hochgradig präzise und konsistente Informationen zur Verfügung. Dies unterstützt die Unternehmensführung bei aktiven Maßnahmen zur effektiven Planung, Messung und Steuerung der Leistungserbringung.

- CPM verbindet die Modellierung der Geschäftsprozesse mit dem Business Intelligence. Dadurch können Plandaten mit tatsächlichen Prozesskennzahlen abgeglichen und Geschäftsprozesse bewertet werden.

- CPM steigert die Leistungsfähigkeit von Unternehmen durch die Unterstützung der Prozessautomatisierung. Es ermöglicht eine bessere Platzierung von Ressourcen,

---

[52] vgl. Chamoni, P. / Gluchowski, P.: Analytische Informationssysteme, 2006, S. 43 f.

indem es die prozess- und unternehmensbereichübergreifende Zusammenarbeit fördert.

- CPM unterstützt die Überführung strategischer Vorgaben in messbare Ergebnisse. Hieraus lassen sich operative Maßnahmen auf Grundlage der ermittelten KPI´s ableiten.

3.5 Risiken bei der Einführung und Nutzung von CPM

Durch die Einführung von CPM-Anwendungen ergeben sich jedoch nicht nur Vorteile für Unternehmen. Auch Risiken bzw. Probleme, die nachfolgend näher betrachtet werden, treten bei der Installation und Nutzung von CPM-Systemen auf. Um diese Risiken zu minimieren oder zu eliminieren wird in Kapitel 4.1 ein Leitfaden zur Softwareeinführung vorgestellt.

Die bevorstehende Implementierung von CPM-Anwendungen in die bestehende Unternehmenslandschaft birgt Risiken, derer sich die Unternehmen vor der Einführung bewusst sein müssen:

- Das Einführungsprojekt muss vom Umfang her überschaubar bleiben, um den erfolgreichen Projektabschluss zu garantieren. Die Schwierigkeit hierbei ist allerdings, das große Ganze nicht aus den Augen zu verlieren und keine inkompatiblen Informationsinseln zu schaffen.

- Vor der Einführung von CPM-Systemen müssen die Anforderungen an die Software klar definiert werden. Diese Anforderungen dürfen während der Projektphase nicht mehr geändert werden, um die festgelegten Ziele des Projekts zu erreichen.

- Sowohl die Strategie als auch der Umfang der Einführung müssen genau festgelegt werden, bevor die Implementierung beginnen kann. Man unterscheidet zwischen der Big-Bang-Strategie, wobei alle Module eines Systems auf einmal eingeführt werden, und der sukzessiven Roll-Out-Strategie, bei der eine Softwarekomponente nach der anderen installiert und implementiert wird. Eine falsch gewählte Einführungsstrategie kann die Fertigstellung eines Projekts und den Kostenaufwand hierfür negativ beeinflussen. Diesbezüglich wird eine Handlungsempfehlung in Kapitel 4.2 erarbeitet.

- In der Praxis ist die Datenqualität in Unternehmen gerade optimal, und die Architekturen sind oft weit vom optimalen Zustand entfernt. Häufig bestehen viele verschiedene analytische Anwendungen nebeneinander und ein DWH mit konsistenten Data Marts hat Seltenheitswert. Hieraus ergibt sich ein hoher Installations- und Anpassungsaufwand, der die Kosten für die Software-Einführung in die Höhe treibt. Noch gravierender ist die Tatsache, dass CPM ohne ausreichende Datenqualität bzw. fehlende Informationen aus den Vorsystemen zu fatalen Fehlentscheidungen führen kann.

- Die Definition der KPI's spielt eine zentrale Rolle, um die Leistungen von einzelnen Abteilungen oder des gesamten Unternehmens optimal darstellen zu können. Die Schwierigkeit besteht darin, die Kennzahlen so zu definieren und ihre Werte so zu quantifizieren, dass die Wirklichkeit tatsächlich korrekt abgebildet wird.

Aber auch nach einer erfolgreich abgeschlossenen Einführung gibt es noch Hürden für die Unternehmen. Einerseits besteht das Risiko, dass die festgelegten Projektziele nicht erreicht wurden, andererseits kann es zu Problemen bei der Nutzung der CPM-Software kommen. Beispiele hierfür sind:

- Es fehlen entscheidende Funktionalitäten der Software, sodass sich die Auswertungswünsche der Unternehmen mit den fertigen Systemen nicht im geforderten Ausmaß erfüllen lassen.

- Die Benutzeroberfläche der installierten Software ist zu umfangreich, wodurch eine einfache und intuitive Bedienung der Analysesysteme nicht möglich ist, was eine eingeschränkte Nutzung der Systeme zur Folge hat.

- Die Mitarbeiter nutzen die CPM-Anwendungen nicht im gewünschten Umfang, da es dem neuen System gegenüber an Akzeptanz fehlt.

> Softwarelizenzen werden nicht genutzt, da Projektteams bei der Installation mehr Lizenzen kaufen als es Anwender gibt, um einen Mengenrabatt zu erhalten. Dies führt zu überhöhten Lizenzkosten.

> Ein zu hohes Datenvolumen und mangelnde Geschwindigkeit bei Datenbankabfragen führen zu einer schlechten Abfrageperformance. Dies wiederum hat im Zeitalter von Google, in dem schnelle Suchergebnisse zum Standard geworden sind, Enttäuschungen über die langen Wartezeiten sowie eine Verringerung des Nutzens der neuen Systeme zur Folge.

4. Empfehlung zur Gestaltung von CPM-Projekten

Noch vor wenigen Jahren war BI eine Fachanwendung für Spezialisten in Großunternehmen. Dabei geht es längst nicht mehr um die Auswertung von Unternehmenskennzahlen, sondern zunehmend darum, Wissen über das gesamte Unternehmen im Einklang mit der Unternehmensstrategie und den Geschäftsprozessen zu generieren. Hieraus entstand das CPM. Es entwickelte sich rasch von einer Fachanwendung zu einem allgemeinen Managementstandard in der Unternehmensführung. Die Bedeutung des CPM für die Entscheidungsunterstützung der Führungskräfte erfordert ein methodisches und strukturiertes Vorgehen bei der Implementierung, um zu gewährleisten, dass die Schaffung, Kommunikation und Nutzung von Informationen sowie die Anpassung der Geschäftsprozesse an die Unternehmensstrategie erfolgreich umgesetzt werden kann. Das heißt CPM-Lösungen müssen genauso systematisch entwickelt werden wie beispielsweise transaktionsorientierte Systeme. Die nachfolgenden Gliederungspunkte stellen einen Leitfaden zur Softwareeinführung dar, um einen erfolgreichen Projektabschluss erreichen zu können.

4.1 Leitfaden zur Softwareeinführung

4.1.1 Grundsätzliche Herausforderungen der Unternehmen

Die typischste Herausforderung, die es bei der Einführung von CPM-Systemen zu bewältigen gilt, ist die Verbesserung der oft mangelhaften Datenqualität in den Unternehmen trotz Data-

Warehouse-Projekten mit aufwendigen ETL-Prozessen, denn nur die wenigsten DWH´s liefern Daten in dem Umfang, wie es ursprünglich vorgesehen war und notwendig ist. Eine professionelle Datenmodellierung sollte als Maßnahme zur Verbesserung der Datenqualität sowie zur Sicherstellung einer hohen Abfrageperformance eingeplant werden. Auch die kulturellen Änderungen für die Belegschaft durch Nutzung von CPM-Anwendungen gelten als Herausforderung, da sich das Benutzermodell bei analytischen Tools im Vergleich von den klassischen Anwendungen erheblich abhebt. Sowohl die Dezentralisierung als auch mehr Eigenverantwortlichkeit sollten den Mitarbeitern durch Schulungsmaßnahmen näher gebracht werden, um sowohl die erfolgreiche Arbeit mit dem neuen System als auch dessen Akzeptanz zu garantieren.[53] Sind sich die Unternehmen über diese grundsätzlichen Herausforderungen im Klaren, kann die Bestimmung des individuellen Reifegrads, der für die Umfangsbestimmung der Implementierung Voraussetzung ist, durchgeführt werden.

4.1.2 Bestimmung des individuellen Reifegrads

Bei der Auswahl von CPM- und BI-Tools sollten sich Unternehmen stets an organisationsspezifischen Merkmalen und Aufgaben orientieren. Die Berücksichtigung des individuellen Reifegrads trägt maßgeblich zur Gestaltung von effizienten CPM-Systemen bei. Hieraus ergibt sich die Notwendigkeit, unterschiedliche Lösungsansätze in Betracht zu ziehen, denn die modernsten BI-Technologien sind – individuell betrachtet – nicht immer die besten Lösungen. Die Auswahl der Technologien muss sich also unbedingt an der Unternehmenssituation orientieren. Die Bestimmung des individuellen Reifegrads erfolgt in der Praxis meist über eine Turbulenz-Portfolioanalyse, wobei sich die Auswahl der Bewertungsdimensionen nach den gewünschten Anwendungen richtet. Die üblichen Dimensionen, die zur Analyse des Reifegrads geprüft werden, sind Kultur, Technologie, Organisation, Prozesse und fachliches Know-How.

Abbildung 10 ist ein Beispiel einer Turbulenz-Portfolioanalyse im Bereich der Technologie. Dieses soll anhand der Bewertungsdimensionen Dynamik und Komplexität einen Einblick in die Vorgehensweise zur Identifikation der richtigen Software geben. Dabei wird die Dynamik als Häufigkeit, Geschwindigkeit, Regelmäßigkeit und Vorhersagbarkeit von Veränderungen

---

[53] vgl. Oehler, K.: Corporate Performance Management mit BI-Werkzeugen, 2006, S. 192

der Systeme beschrieben, und die Komplexität wird als Anzahl und Verschiedenartigkeit der für die Unternehmung relevanten Umwelttatbestände definiert.

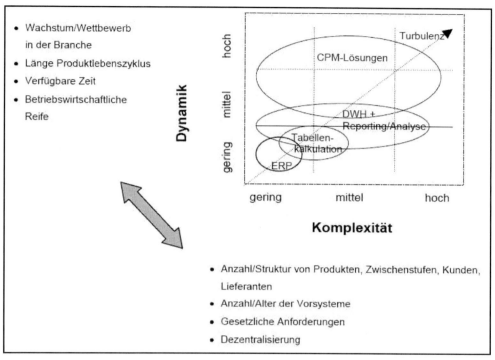

Abbildung 10: CPM im Turbulenz-Portfolio[54]

Eine hohe Komplexität erfordert das Zerlegen des Problems in kleinere Schritte, um eine methodische Vorgehensweise zu gewährleisten. Ist die Komplexität gering, lässt sich das Ziel eher in wenigen Schritten erreichen. Bei einer hohen Dynamik spielt die Flexibilität von Lösungen eine große Rolle. Hier kommt eher eine individuelle Speziallösung in Frage. In einem Umfeld geringer Dynamik hingegen ist eine Standardlösung die bessere Wahl. Die Lösungen werden in das Turbulenz-Portfolio eingetragen und bilden dadurch die verschiedenen Quadranten. Geringe Komplexität und geringe Dynamik sind die Eigenschaften, die zum Beispiel bei kleinen Einzelhändlern vorkommen. Dort muss keine Speziallösung implementiert werden, da ein Abrechnungssystem mit einfachen Reportings völlig ausreichend ist. Ist das Geschäft zwar einfach aber dynamisch, werden die Unternehmen Ad-hoc-Modelle verwenden, weil hier eine Neuerstellung oder Anpassung meist nicht sehr aufwendig ist. Die Steuerung wird allerdings komplizierter, wenn sich die Komplexität bei geringer Dynamik durch eine höhere Anzahl von Mitarbeitern, Produkten

---

[54] Abbildung modifiziert übernommen aus Oehler, K.: Corporate Performance Management, 2006, S. 196

und Kunden erhöht. In diesem Fall behilft man sich mit Berichtsergänzungen. Für die CPM-Lösung in diesem Beispiel ergibt sich sowohl eine hohe Dynamik als auch eine hohe Komplexität. Nun besteht die Notwendigkeit, den Informationsprozess in mehrere Schritte zu unterteilen. Ein Data Warehouse und eine Reportingsoftware gelten hierbei als die geeignetste Lösung. Dieses Beispiel zeigt, dass die rechtzeitige methodische Individualanalyse der Anforderungen und Ziele eine grundlegende Voraussetzung für die Identifizierung der richtigen Werkzeuge ist.[55]

4.1.3 Erfolgsfaktoren von CPM-Projekten

Neben den grundsätzlichen Herausforderungen und dem individuellen Reifegrad gibt es noch einige Erfolgsfaktoren zu berücksichtigen, die für die Einführung und Nutzung von CPM-Systemen von Bedeutung sind[56]:

- Eine grundlegende Förderung des CPM-Projekts durch das Top-Management ist natürlich die Grundvoraussetzung für eine erfolgreiche Einführung und Nutzung von CPM-Systemen.

- Um die Risiken, die bei der Einführung und Nutzung von CPM-Systemen bestehen zu eliminieren, sollten professionelle Projektteams aus geschulten Mitarbeitern des Unternehmens und des Software-Anbieters gebildet werden, um das fachliche Know-How des Unternehmens mit dem technischen BI-Know-How des Softwareanbieters zu vereinen.

- Identifikation der strategischen Unternehmensziele sowie Festlegung eines Umsetzungsplans mit detaillierter Beschreibung und Festlegung von Teilzielen. Die Anforderungen, die Zielbestimmung und die Nutzenerwartung des Projekts müssen klar definiert werden, damit die wirtschaftliche Umsetzung sowie die Zufriedenstellung des auftraggebenden Unternehmens gewährleistet werden können.

---

[55] vgl. Oehler, K.: Corporate Performance Management mit BI-Werkzeugen, 2006, S. 194 f.
[56] vgl. Oehler, K.: Corporate Performance Management mit BI-Werkzeugen, 2006, S. 193 f.

- Nicht zu unterschätzen ist auch das interne Marketing der Anwendungen. Die einfache Installation einer neuen Software und die Hoffnung, dass das System von den Mitarbeitern auch im gewünschten Ausmaß genutzt wird, reichen meist nicht aus. Hier sollten der Einbezug der Endanwender und Schulungsmaßnahmen für die Mitarbeiter eingeplant werden, um die erfolgreiche Arbeit mit dem neuen System und dessen Akzeptanz zu garantieren.

- Eine realistische Einschätzung der Chancen und Risiken sowie Transparenz bezüglich des Nutzens und der anfallenden Kosten sind unerlässlich für den Erfolg eines CPM-Projekts. Hier steht der Softwareanbieter in der Pflicht, entsprechende Hilfestellung zu leisten.

- Eine fachliche und technische Ausrichtung des Projekts sichert die Umsetzbarkeit der gesteckten Ziele und die Zufriedenstellung des auftraggebenden Unternehmens.

- Die Voraussetzungen für ein CPM-System (Top-down-, Bottom-up- und Closed-Loop-Ansatz) müssen erfüllt werden.

Werden die genannten Erfolgsfaktoren berücksichtigt, steht der erfolgreichen Einführung eines CPM-Systems nach Auswahl der Softwareanbieter und Produkte nichts mehr im Weg und die Implementierung kann beginnen. Eine Übersicht von Softwareherstellern und Produkten sowie eine Empfehlung zur Identifikation der für das Unternehmen geeigneten Produkte und der richtigen Einführungsstrategie erfolgt in Kapitel 4.2.

4.1.4 Implementierung

Nachdem ein oder mehrere Softwareanbieter ausgewählt wurden, startet die Implementierung mit einer Vorstudie und der Anforderungsanalyse. Das Ziel dieser Vorstudie ist eine Analyse und Formalisierung des Pflichtenhefts. An der Lösung der betriebswirtschaftlichen Problemstellung wird hierbei in einem Fachkonzept gearbeitet. Hierauf aufbauend folgt der Entwurf eines DV-Konzepts mit Festlegung flexibler und aussagekräftiger Metriken, Methoden, Messkriterien und KPI´s für die jeweiligen Teilziele sowie für die Gesamtstrategie. Durch die Definition von Grenzwerten für die KPI´s, bei deren

Überschreitung Steuerungsmaßnahmen notwendig werden, wird bereits auf ein konkretes Werkzeug hingearbeitet. Mithilfe des so genannten Prototypings wird in Zusammenarbeit mit den Endanwendern ein Prototyp erstellt, der dann die Vorlage für die neue Anwendung ist und ausgebaut wird. Die technische Implementierung umfasst die Einrichtung der Dimensionen, die Definition der Schnittstellen und Funktionalitäten, welche für den effizienten Einsatz der Lösung notwendig sind, das Entwickeln von Berechnungsfolgen und der Benutzeroberfläche sowie die Definition von Prozessverantwortlichen und die Identifikation notwendiger Kommunikationsprozesse. Durch ein strukturiertes Testen wird letztendlich die Einsatzbereitschaft des Systems überprüft. Nach der Integration der neuen Anwendung in die vorhandene Systemlandschaft folgen Betrieb und Wartung des Systems, wobei hier des öfteren noch Änderungen an den Strukturen sowie weitere Berichtigungen vorgenommen werden müssen. Eventuelle Schwachstellen werden erst im täglichen Umgang mit dem System erkannt.[57]

4.2 Softwareauswahl für Corporate Performance Management

Den Unternehmen stehen heute eine große Anzahl an CPM-Werkzeugen von verschiedenen Anbietern zur Verfügung. Viele von diesen Tools wachsen stetig zu mächtigen CPM-Suiten heran und bieten eine Vielzahl von Anwendungen zur Datenintegration, Informationsgenerierung und Prozessanpassung. Für die Organisationen ergibt sich die Schwierigkeit der Auswahl eines geeigneten Anbieters sowie die Entscheidung für einzelne Lösungen oder vollständige Suiten aus einem Entwicklungshaus. Des weiteren stellt sich die Frage, ob nicht eine auf die Unternehmensstrukturen zugeschnittene Softwarelösung durch Eigenentwicklung im Unternehmen besser geeignet wäre. Die Implementierung kann erst beginnen, wenn Softwareanbieter, Produkte und Einführungsstrategie identifiziert wurden.

4.2.1 Die Entscheidung: Make or Buy

Die klassischen Entscheidungsalternativen sind „Make or Buy", das heißt Anwendungen selbst zu programmieren oder Werkzeuge von Softwareanbietern zu kaufen. Hierbei ist es

---

[57] vgl. Oehler, K.: Corporate Performance Management mit BI-Werkzeugen, 2006, S. 210 und
Klaus, A.: Erfolgreiche Unternehmen setzen auf Informationsdemokratie, 2005, S. 4

wichtig, das eigene Umfeld mit evtl. bereits vorhandenen BI-Werkzeugen zu analysieren, und ein Konzept für eine Softwareeinführung oder einen evtl. Upgrade der vorhandenen Komponenten zu erstellen. Die Gegenüberstellung von Vor- bzw. Nachteilen beider Alternativen führt zu einer Empfehlung zur Gestaltung von CPM-Projekten.

Die Beweggründe für eine Entwicklung im eigenen Unternehmen sind zahlreich. Zum einen ist es möglich, dass nach Analyse der Anforderungen an das neue System keine passende Standardsoftware auf dem Markt erhältlich ist, und die gewünschten Funktionalitäten nur durch eine Programmierung von Inhouse-Entwicklern ermöglicht wird. Zum anderen kann eine eigene Lösung besser an die Unternehmensarchitektur angepasst und in die vorhandenen Anwendungen integriert werden. Die funktionellen und inhaltlichen Bedürfnisse der Endanwender, sprich der Mitarbeiter, können im Unternehmen erhoben und bei der Systementwicklung berücksichtigt werden. Die genaue Abstimmung auf unternehmensinterne Abläufe sowie ein hohes Maß an Einfluss in Bezug auf Flexibilität und Performance sind genauso die Haupttreiber für eine Eigenentwicklung wie Kosteneinsparungen durch die Eigenprogrammierung, die gegenüber dem Kauf realisiert werden können. Demgegenüber stehen aber auch einige Aspekte, die gegen eine unternehmensinterne Softwarelösung sprechen. Ein hoher zeitlicher Aufwand und ein immenser Projektumfang, der die internen Ressourcen mitunter sehr stark belasten kann, schrecken viele Unternehmen ab. Des weiteren werden für eine Softwareentwicklung qualifizierte Mitarbeiter und eine robuste Entwicklungsumgebung benötigt. Für die Umsetzung der analytischen Anforderung sind die Mitarbeiter der Entwicklungsabteilung verantwortlich, wodurch die Chance auf neue, innovative Ideen von außen sinkt und Erfahrungen von Softwarehäusern auf diesem Gebiet ungenutzt bleiben. Die Nachteile der Eigenentwicklung sind deswegen die Treiber der Entscheidung für die Einführung einer Standardsoftware, denn hierbei kann man durch die Erfahrung des Softwareanbieters von einer schnelleren Erstellung und Integration in die bestehenden Unternehmensanwendungen ausgehen. Dabei werden die innerbetrieblichen Ressourcen minimal belastet, und die bestehenden und bewährten Architekturen der zu implementierenden Softwarelösung sollten eine stabile Funktion des Systems garantieren. Durch ein Customizing[58] der Standardsoftware wird die benötigte Funktionalität bereitgestellt. Doch gerade diese Anpassung der erworbenen Systeme wird in vielen Fällen von Unternehmen negativ bewertet. Allerdings ist sie notwendig, weil sich die Möglichkeiten der Standardsoftware nicht mit den gesammelten Anforderungen an ein neues System decken.

---

[58] Customizing: Anpassung von Standardsoftware an benutzer- oder organisationsspezifische Bedürfnisse

Es bedarf hoher Kosten und viel Zeit, um eine Standardlösung zu optimieren und mit bestehenden Architekturen und Datenmodellen zu verbinden. Der hohe Preis und die Tatsache, dass die Lösungen nicht so reif sind, wie es ihnen von den Softwareanbietern nachgesagt wird, bestätigt viele Unternehmen in der Entscheidung einer Eigenentwicklung.

In der Praxis hat sich als Lösung eine Kombination beider Möglichkeiten etabliert. Dabei werden Standardprodukte mit Lösungen auf Basis vorhandener Infrastrukturen verwendet. Die Anpassung der Software an die Unternehmensbedürfnisse wird dann über Eingabeberichte, das Berichtswesen und Verarbeitungslogiken durch entweder unternehmenseigene Softwareentwickler oder externe Berater des Softwareanbieters vorgenommen. Diese Methode der Systemeinführung bewegte die Hersteller dazu, ihre Anwendungen offener bezüglich des Customizings zu gestalten und neben den fertigen Standardlösungen auch so genannte Templates, also konzeptionelle Branchen- bzw. Funktionsvorlagen, anzubieten. Dies sind keine fertigen Lösungen im Sinne einer Standardsoftware, sondern sie erfüllen vielmehr das Ziel, den Unternehmen als Grundlage für ein CPM-System zu dienen.[59]

4.2.2 Einführungsentscheidung: Best of Breed vs. Best of Suite

Dass Office-Werkzeuge oder Abrechnungssysteme zur Unterstützung der Unternehmensführung nicht ausreichen, sondern spezifische BI-Werkzeuge notwendig sind und miteinander verknüpft werden müssen, steht mittlerweile außer Frage. Ist die Entscheidung in Bezug auf die Fragestellung „Make or Buy" zugunsten einer Standardsoftware gefallen, stehen die Unternehmen der nächsten wichtigen Entscheidung gegenüber. Soll das Beste auf dem Markt für jede individuelle Fragestellung – Best of Breed-Ansatz (BoB) – oder sollen alle Anwendungen von dem Anbieter, der die beste Gesamtlösung anbietet – Best of Suite-Ansatz (BoS) – gekauft werden? Um diese Frage zu beantworten, müssen beide Ansätze genauer betrachtet und auf Pro und Contra überprüft werden. Der Best of Breed-Ansatz garantiert einzelne, hochwertige Fachlösungen, die individuell zusammengestellt und auf die jeweiligen Bedürfnisse des Unternehmens zugeschnitten werden. Hierbei werden unabhängig von Herstellern oder Plattformen die am besten geeignetsten Technologien, Architekturen und Softwarekomponenten unter Berücksichtigung der Integrationsfähigkeit ausgewählt. Der Best

---

[59] vgl. Oehler, K.: Corporate Performance Management mit BI-Werkzeugen, 2006, S. 199 f.

of Suite-Ansatz verspricht hingegen ein hoch integriertes Gesamtsystem eines Softwareanbieters, in das alle Funktionen integriert sind und das über Sonderlösungen für einzelne Fachbereiche verfügt.

In der Realität sind die Unternehmensanforderungen oft so komplex und spezifisch, dass für verschiedene Teilbereiche des Unternehmens mehrere unterschiedliche Anwendungen verschiedener Anbieter notwendig sind. Es ergibt sich gar nicht die Möglichkeit einer Best of Suite-Strategie, da der Anbieter der Wahl nicht das gesamte Portfolio anbietet. Ein weiterer Vorteil, den die Anbieter einzelner Systemkomponenten gegenüber Anbietern ganzer CPM-Suiten haben, ist ein speziell ausgeprägtes Fachwissen in ihrem Teilgebiet. Dadurch werden innovative Lösungen ermöglicht und eine hohe Funktionalität der Anwendungen garantiert. Dies lässt sich gerade bei Nischenanbietern feststellen, da sich Anbieter von CPM-Suiten meist nicht für diese Nischen interessieren und erst auf den Zug aufspringen, wenn die Lösungen eine gewisse Marktreife erreicht haben, wodurch sie zum Konkurrenzprodukt werden. Diese Tatsache schafft Innovationen in der Anwendungsentwicklung, von denen die Unternehmen, die sich gegen ein Komplettpaket entschieden haben, profitieren können. Durch die Zusammenarbeit mit kleineren Anbietern einzelner Anwendungen ist auch die Möglichkeit einer Einflussnahme durchaus größer als bei der Zusammenarbeit mit einem großen, auf dem Markt etablierten Softwarehersteller. Hier besteht die Chance, dass die einzelnen Instrumente schneller und präziser an die unternehmensinternen Anforderungen angepasst werden können, und dass die Anwendungen genau die Aufgaben erfüllen, die von den Unternehmen erwartet werden. Denn was nützt einem beispielsweise eine Planungslösung einer CPM-Suite, die auf der klassischen Budgetierung aufgebaut ist, wenn das Unternehmen ein Forecasting implementieren will? Die Umsetzung kleinerer Projekte kann noch dazu schneller durchgeführt werden, da ein geringerer Abstimmungsaufwand gegenüber einer Einführung eines komplexen Systems besteht. Doch es gibt auch Nachteile der BoB-Strategie. Diese liegen auf der Hand, da durch den Einsatz von mehreren heterogenen Systemen die Kosten der Systemintegration und des Customizings sowie die Wartungskosten der einzelnen Systeme steigen. In den Unternehmen wird systemspezifisches Fachwissen für den Betrieb der verschiedenen Systeme und zur Betreuung der Anwender benötigt. Es besteht des weiteren ein hoher Administrationsaufwand bei der Schnittstellendefinition und beim Betrieb der einzelnen Komponenten. Gerade die Schnittstellen sind immer wieder der zentrale Kontrapunkt der BoB-Strategie. Während bei Gesamtlösungen der Lieferant für die Datenintegration zu sorgen hat, müssen bei der

CPM – Grundlagen, Implementierungskonzept und Einsatzbeispiele

Integration mehrerer verschiedener Anwendungen unabhängige Dritte oder der Erwerber selbst dafür sorgen, dass die verschiedenen Systeme einwandfrei miteinander arbeiten. Aufgrund der Tatsache, dass die Produkte der verschiedenen Lieferanten nicht oder nur unzureichend aufeinander abgestimmt wurden, kommen in der Praxis immer wieder Redundanzen in der Datenhaltung vor. In diesen Fällen müssen Daten manuell doppelt bzw. mehrfach erfasst werden, da die Systeme diese Daten zwangsweise benötigen. Diese redundante Datenhaltung erfordert zusätzlichen, also überflüssigen Speicherbedarf. Schlimmer wird es, wenn die Daten nicht nur redundant sind, sondern ungleiche Werte haben. Dann ist eine genaue Abstimmung der Daten erforderlich. Die reibungslose Verknüpfung unterschiedlicher Systeme und Anwendungen ist also eine Grundvoraussetzung für den Erfolg eines BoB-Projekts. Die unterschiedlichen Benutzeroberflächen der Systeme stellen ein weiteres Problem für die Anwender dar. Sie müssen immer wieder aufs Neue umdenken, in welchem System sie sich gerade befinden und wie sie optimal mit dem System arbeiten. Dies führt zu Zeitverschwendung und Irrtümern.

Die angesprochenen Nachteile der BoB-Strategie sollten eigentlich durch den Erwerb einer kompletten CPM-Suite im Sinne des BoS-Ansatzes neutralisiert werden. Durch die Vorgabe einer einheitlichen IT-Strategie und der Beschränkung auf einen Softwarelieferanten ergeben sich einige Vorteile. Das wichtigste Argument für ein Komplettsystem ist die bereits vorgenommene Integration der einzelnen Werkzeuge und die dadurch wegfallende Schnittstellenproblematik, da die Tools besser aufeinander abgestimmt sind. Die Anwendungen, Daten und Ergebnisse können hier leichter projektübergreifend genutzt werden als dies beim BoB-Ansatz möglich ist. Definierte Kennzahlen können beispielsweise für alle Lösungen eines Anbieters genutzt werden. Die daraus entstehenden Berichte sind sowohl Grundlage für die Budgetierung wie auch für das Reporting. Weiterhin ist durch die Vermeidung paralleler Betriebsfunktionen eine gemeinsame Ressourcennutzung möglich. Dies wiederum vereinfacht die Wartung, Pflege und den Betrieb der CPM-Suiten und ermöglicht einen einfacheren und schnelleren Releasewechsel. Ein weiterer Vorteil ist die enge Beziehung, die zum Softwareanbieter aufgebaut wird. Dabei entstehen Möglichkeiten, Rabatte zu vereinbaren und evtl. Einfluss auf die weitere Entwicklung der CPM-Suiten zu nehmen. Auch die Projektdurchführung wird durch die Konzentration auf nur einen einzigen Implementierungspartner erleichtert. Durch die einheitliche Bedienung der einzelnen Tools

CPM – Grundlagen, Implementierungskonzept und Einsatzbeispiele

und die gleiche Benutzeroberfläche wird der Schulungsaufwand für die Mitarbeiter reduziert und das Arbeiten mit dem neuen System erleichtert[60].

Augenscheinlich ist nach der Gegenüberstellung von Vor- und Nachteilen beider Ansätze eine Best of Suite-Lösung die optimale Variante, um ein CPM-System in einem Unternehmen einzuführen. Doch die Praxis sieht nach einer Umfrage von IS-Report anders aus, wie Abbildung 11 eindeutig zeigt.

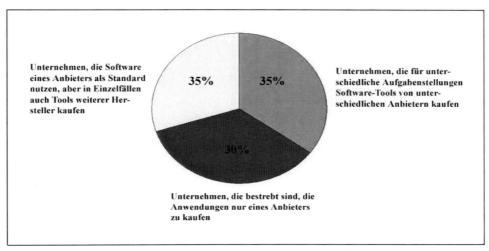

Abbildung 11: Best of Breed vs. Best of Suite in der Praxis[61]

Die Reife der zur Verfügung stehenden Lösungen und der Erfüllungsgrad der aufgestellten Anforderungen sind entscheidende Faktoren für den Erwerb von Softwareprodukten. So bewerben die Entwicklungshäuser ihre CPM-Suiten zwar mit einer hochgradigen Integration, in der Praxis geht diese aber selten über eine gemeinsame Benutzeroberfläche hinaus, denn auch hier werden oft verschiedene Anwendungen zu einer Komplettlösung zusammengefügt. Das macht die Integration der BoS-Lösungen vergleichbar mit der Integration verschiedener Anwendungen der BoB-Strategien. Eine Vergleichbarkeit der einzelnen Angebote ist durch die auf dem CPM-Markt herrschende Heterogenität der Einzellösungen nur schwer möglich. Von Analysten des auf BI spezialisierten Marktforschungs- und Beratungsunternehmens BARC (Business Applications Research Center)[62] wird daher empfohlen, zur Einführung von CPM-Systemen eine gemilderte BoB-Strategie zu wählen. Diese besagt, als Grundlage der CPM-Software in Unternehmen eine CPM-Suite zu wählen, die mindestens drei Funktionsbereiche wie zum Beispiel die Planung, Konsolidierung und eine Balanced

---

[60] vgl. Oehler, K.: Corporate Performance Management mit BI-Werkzeugen, 2006, S. 204 f.
[61] Abbildung modifiziert übernommen aus Oehler, K.: Corporate Performance Management, 2006, S. 205
[62] www.barc.de

Scorecard, enthält. Da dies jedoch nicht immer ausreicht, um alle Aspekte der Unternehmenssteuerung abzubilden, wird weiterhin nahegelegt, die erworbene Software Schritt für Schritt um zwei bis drei Einzellösungen verschiedener Anbieter zu erweitern. Dadurch kann man der Erfüllung der individuellen Anforderungen gerecht werden und ein umfassendes CPM-System zur Unternehmenssteuerung erhalten, das individuell auf die Organisation zugeschnitten wurde.

Der Autor Karsten Oehler identifizierte die fünf wichtigsten Aspekte, auf deren Erfüllung bei der Auswahl des geeigneten Software-Tools, unabhängig vom gewählten Softwareansatz zur Einführung, geachtet werden sollte[63]:

- Funktionalität
- Flexibilität
- „Ease of Use"
- Kompatibilität mit bestehenden Lösungen
- Stabilität der Lösung

Eine umfassende CPM-Lösung lässt sich also nicht von der Stange kaufen. Daran werden auch die noch so perfekt präsentierten CPM-Suiten nichts ändern. Zur CPM-Einführung ist es unerlässlich, ein auf das Unternehmen zugeschnittenes, betriebswirtschaftliches Konzept zu erstellen, das einen Entwicklungsplan mit klar abgegrenzten Teilzielen enthält, und aus dem die Anforderungen an die neue Software klar hervorgehen. Die Erfüllung der Anforderungen wird durch den Erwerb und das Zusammenspiel unterschiedlicher IT-Werkzeuge gewährleistet, die individuell ausgewählt werden und sukzessive installiert und aufeinander abgestimmt werden müssen.[64]

4.2.3 Kostenübersicht der CPM-Einführung

Für die Auswahl von Softwarelösungen zum Aufbau eines CPM-Systems sollte immer eine individuelle Kosten-Nutzen-Betrachtung durchgeführt werden, die sich an den Anforderungen des Unternehmens orientiert. Denn langsam setzt sich die Erkenntnis durch, dass BI- und

---

[63] vgl. Oehler, K.: Corporate Performance Management mit BI-Werkzeugen, 2006, S. 208
[64] vgl. Oehler, K.: Corporate Performance Management mit BI-Werkzeugen, 2006, S. 204 f.

CPM – Grundlagen, Implementierungskonzept und Einsatzbeispiele

CPM-Lösungen im Vorfeld auf versteckte Kosten und Folgekosten überprüft werden müssen. Gerade die Schätzung des Aufwands für die Integration der Daten aus verschiedenen Quellen gilt als größte Herausforderung bei der Angebotserstellung der Softwareanbieter.

Die Kosten, die für eine Softwareimplementierung anfallen, werden in drei Kategorien eingeteilt[65]:

> *Direkte Kosten:* Die direkten Kosten bestehen aus der evtl. notwendigen Anschaffung zusätzlicher Hardware, der Implementierung, den Software-Lizenzen und den Schulungsmaßnahmen und Trainings für die Mitarbeiter

> *Indirekte Kosten:* Sie entstehen durch den Anpassungsaufwand bei unzureichender Kompatibilität mit der bestehenden Infrastruktur und bei Integrationsschwierigkeiten mit anderen Anwendungen. Die Anpassung mangelnder Datenstrukturen und der Software an Benutzeranforderungen sowie die Schaffung leichter Bedienbarkeit der Systeme werden ebenso wie der Zeitrahmen zur Implementierung den indirekten Kosten zugewiesen.

> *Fortlaufende Kosten:* Entstehen bei der Skalierung von Daten-Volumen und Nutzern sowie für die Bereitstellung von Supportleistungen und Updates seitens des Anbieters.

Um bei der Einführung von CPM-Anwendungen Transparenz bezüglich der anfallenden Kosten zu erlangen, muss zuerst der unternehmensindividuelle Bedarf ermittelt werden. Bei der Suche nach dem richtigen Anbieter empfiehlt es sich, durch besonders wichtig eingeschätzte Merkmale die Auswahl der zur Verfügung stehenden Anbieter durch K.O.-Kriterien zu minimieren, und durch eine Grobanalyse zwei bis drei Hersteller für den Softwareerwerb auszuwählen. Bei den anschließenden Verhandlungen mit den Softwarehäusern müssen die Hersteller überzeugt werden, das Projekt schließlich umsetzen zu dürfen. Dies sichert die Möglichkeit, mit den Anbietern etwa über Lizenzpreise und Wartungsverträge zu verhandeln. Patrick Keller, Senior Analyst beim BARC Institut, empfiehlt nach Erhalt und Vergleich der verschiedenen Angebote und nach Sicherstellung, dass jeder Anbieter gleichermaßen in der Lage ist, das Projekt erfolgreich umzusetzen, die Hersteller mit den Kostenvoranschlägen der Konkurrenz unter Druck zu setzen, denn dadurch

---

[65] vgl. Pütter, C.: Onlineartikel: Business Intelligence – vom Umsatzmotor zum Geldfresser, 2008

entstehen noch einmal große Chancen auf Preisnachlässe und Rabatte. Letztendlich entscheidet dann nur noch der Preis über die Vergabe des Projekts.[66]

Die Gesamtkosten setzen sich aus den eben genannten Kostenarten durch verschiedene Kostenfaktoren zusammen, die in den einzelnen Phasen des Projekts entstehen. Tabelle 6 vermittelt einen Überblick über die einzelnen Phasen inklusive der dazugehörigen Kosten[67]:

Projektphase	**Anfallende Kosten**
Analyse:	Anforderungsanalyse, Prozessanalyse, Marktrecherchen, Personalkosten für Analysen und Abstimmung zwischen Abteilungen, evtl. Kosten für externe Berater
Anschaffung:	Lizenzkosten bei Standardsoftware und Entwicklungskosten bei Individualsoftware, zusätzliche Hardware (z.B. Server oder stärkere Arbeitsplatzrechner), Wartungsverträge für Updates und Supportleistungen
Einführung:	Softwareinstallation (wird über Tagessätze abgerechnet), Schnittstellenschaffung, Anpassung an Unternehmensanforderungen durch Customizing oder Ergänzungsprogrammierung, Kosten für externe Dienstleister und Projektkoordination, Schulungsmaßnahmen
Betrieb:	Kosten für Administration der Systeme im eigenen Unternehmen oder für externe Dienstleister durch Outsourcing, Support und Updates werden über die Wartungsverträge geregelt
Erweiterung:	Technische oder gesetzliche Änderungen führen zu Releasewechseln bei Standardsoftware und zu neuen Aufträgen bei Individualsoftware, bestehendes Customizing und definierte Schnittstellen müssen überprüft und ggf. angepasst werden. Bei der Erweiterung der Software auf andere Unternehmensbereiche fallen noch einmal Kosten für die jeweiligen Projektphasen an

Tabelle 6: Projektphasen einer Softwareeinführung mit den jeweils anfallenden Kosten

---

[66] vgl. Keller, P.: Onlineartikel: Verhandeln tut nicht weh, 2008
[67] vgl. Böhn, M.: Onlineartikel: Total Cost of Ownership, 2006, S. 2 f

CPM – Grundlagen, Implementierungskonzept und Einsatzbeispiele

Allgemeine Aussagen über die Kosten für eine Softwareimplementierung sind unmöglich zu treffen, da sie sich an der unternehmensindividuellen Ausgangssituation und den speziellen Anforderungen der Unternehmen an ein neues System orientieren.

4.2.4 Open Source BI

Bei Open Source-Software handelt es sich um Softwarelizenzen, die frei zugänglich sind, das heißt jeder kann sie kostenlos über das Internet erhalten. Seit einigen Jahren ist auch im Bereich der Anwendungen für die Managementunterstützung ein Trend zur Nutzung von Open Source-Programmen zu verzeichnen. Hierbei handelt es sich um Einzellösungen, die zum Beispiel die Bereiche des Data Warehousing, der ETL-Werkzeuge, der OLAP-Server und des Data Minings abdecken. Hinter dieser Bewegung stehen Unternehmen mit durchdachten Geschäftsmodellen, da die Anbieter ihr Geld nicht durch Softwarelizenzen, sondern durch Beratungen und Schulungs-, Support- und Wartungsverträge verdienen. Der Gedanke, die Kosten für eine Investition durch Open Source-Software zu minimieren, macht diese Lösungen für Unternehmen interessant. Da jedoch die Kosten für Softwarelizenzen bei der Anschaffung einer neuen Software im Vergleich zu den Kosten für beispielsweise neue Hardware, Administration der Systeme, Wartungsverträge oder Supportleistungen eher gering ausfallen, stellt sich die Frage, ob hier wirklich ein Spareffekt erzielt werden kann. Eine Untersuchung des Markforschungsunternehmens BARC ergab, dass die Kostenvorteile von Open Source-Anwendungen in Unternehmen schnell durch überhöhte Wartungskosten verloren gehen können. Auch hier gibt eine genaue Betrachtung der anfallenden Kosten vor der Implementierung Aufschluss darüber, ob sich der Einsatz von Open Source-Programmen gegenüber kostenpflichtigen Lösungen für die Unternehmen lohnt.[68] Unabhängig davon gehen aber auch Vorteile von frei zugänglichen Anwendungen aus. Eine schnelle und günstige Anpassung an die Unternehmensarchitektur wird durch offene Schnittstellen gewährleistet, was die Attraktivität für kleine und mittelständische Unternehmen erhöht. Die quelloffenen Produkte bieten daher die Möglichkeit, direkt in die Unternehmensanwendungen integriert zu werden. Weitere Vorteile sind die Unabhängigkeit von Softwarelieferanten und die permanente Weiterentwicklung der Produkte. Soll allerdings im Unternehmen ein ganzheitliches CPM-System entstehen, wird man um die Anschaffung und Nutzung von

---

[68] vgl. Grosser, T.: Onlineartikel: Nur vordergründig kostenlos, 2008

kommerzieller Software nicht herumkommen[69], denn aus einem Interview mit Peter Gluchowski geht hervor, dass die Open Source-Lösungen nur bedingt mit den Angeboten alteingesessener Softwarehersteller zu vergleichen sind, und die Funktionalität der vermeidlich kostenlosen Produkte bei ca. 80 bis 90 Prozent liegt[70].

4.2.5 Softwareanbieter und ihre Produkte: eine Marktübersicht

Nachdem die Strategien zur Einführung von verschiedenen Anwendungen zum Aufbau eines CPM-Systems erläutert und eine Handlungsempfehlung bezüglich der Kostenanalyse erarbeitet wurde, widmet sich dieser Gliederungspunkt verschiedenen Softwareanbietern und ihren Produkten, welche anhand einer aktuellen Marktübersicht identifiziert werden.

Der BI-Markt zeigte in den letzten Jahren ein überdurchschnittliches Wachstum, und selbst in der momentanen Krise wird laut BARC ein weiteres Wachstum von durchschnittlich zehn bis zwölf Prozent bis zum Jahr 2012 erwartet[71]. Doch was sind die Gründe für diesen Boom im Bereich der Managementunterstützung? Die Antwort hierauf lässt sich in den Unternehmen finden, denn für sie ist es in der heutigen Zeit mehr denn je unerlässlich, die richtigen Entscheidungen zu treffen, um im Wettbewerb bestehen zu können. Durch die Tatsache, dass BI sich zu CPM weiterentwickelt hat und nicht mehr nur auf vergangenheitsbezogene Analysen fokussiert ist, sondern vielmehr die Prozessüberwachung und Steuerung von Unternehmen in den Mittelpunkt der Betrachtung stellt, ergibt sich für die Anbieter ein großer Handlungsbedarf, um die Nachfrage nach entscheidungsunterstützenden Systemen und Systemkomponenten zu befriedigen. Dies hatte durch den erhöhten Wettbewerbsdruck im Bereich des BI und CPM eine Marktkonsolidierung zur Folge. Kleine innovative Anbieter drängten mit neuen Ideen und Lösungen auf den Markt, eröffneten damit zum Teil Nischen und arbeiteten ständig an der Verbesserung ihrer Produkte. Die am Markt etablierten großen Hersteller versuchen daraufhin natürlich ihren Marktanteil mittels Erweiterung ihres Angebots durch Übernahmen zu halten und weiter auszubauen.

Die größten Anbieter sind zur Zeit IBM, Microsoft, Oracle und SAP. Ein Beispiel für den hart umkämpften Markt sind die Übernahmen, die 2007 von den großen Herstellern ausgingen. So

---

[69] vgl. Pientka, F.: Onlineartikel: Berichtssoftware – warum nicht Open Source?, 2008
[70] vgl. Gluchowski, P.: Onlineinterview, 2009
[71] vgl. Barc-Guide 2008/2009: Onlineartikel: Business Intelligence boomt in Deutschland, 2008/2009

CPM – Grundlagen, Implementierungskonzept und Einsatzbeispiele

kaufte IBM den Softwareanbieter Cognos, Oracle übernahm neben PeopleSoft und Siebel Systems den Marktführer Hyperion und der Softwarehersteller von ERP-Lösungen SAP baute sein Portfolio im Bereich des BI durch die Übernahme von PilotSoftware und Outlooksoft aus. Durch diese Übernahmen wuchsen die vier großen Hersteller. Sie sicherten sich das Know-How der unabhängigen Anbieter und bauten somit ihre Marktstellung und Marktmacht weiter aus.[72] Die kleinen Entwickler stärken ihre Marktstellung hingegen aus eigener Kraft durch die Spezialisierung auf ihr Kerngebiet und die Weiterentwicklung ihrer Lösungen. Durch offene Schnittstellen und die fortschreitende Service- und Prozessorientierung sind ihre Anwendungen eine hervorragende Wahl für Unternehmen, die ein CPM-System mittels der BoB-Strategie einführen wollen.[73]

Tabelle 7 auf der folgenden Seite gibt einen Überblick über einige Softwarehersteller und verdeutlicht die Unterschiede im Produktangebot der einzelnen Anbieter. Sie identifiziert Hersteller von kompletten Systemen wie IBM, Microsoft, Oracle, SAP und SAS und zeigt die Fachbereiche, auf die sich die anderen Hersteller spezialisiert haben. Durch die Betrachtung des heterogenen Produktangebots und den Vergleich mit Open-Source-Anwendungen stellt Tabelle 7 keinen Leistungsvergleich zwischen Produkten und Herstellern dar, sondern dient lediglich dem besseren Verständnis der Hersteller- und Marktsituation. Auch die Breite des Produktangebots der einzelnen Firmen kann weder positiv noch negativ in Bezug auf ein ganzheitliches CPM-System gewertet werden, da neben Anbietern, die eine Vielzahl an Tools für ein komplettes System bereitstellen, auch Hersteller genannt werden, die sich auf ihr Kerngeschäft konzentrieren und nur in einem Bereich, wie beispielsweise dem Financial Performance Management (FPM) mit der dazugehörigen Budgetierung, Planung und Konsolidierung, tätig sind.

Durch das Komplettangebot haben sich IBM, Oracle und SAP im Lauf der Jahre zu den stärksten Unternehmen mit dem höchsten Umsatz und den meisten Kunden entwickelt[74]. Auffällig ist, dass es im Bereich der Open-Source-Software in fast allen Bereichen Angebote gibt. Dies bestätigt noch einmal den bereits in Kapitel 4.2.4 angesprochenen Trend zu Open-Source-Lösungen.

---

[72] vgl. Oehler, K.: Onlineartikel: Corporate Performance Management führt Unternehmen zum Ziel – CPM-Suites entstehen, 2008
[73] vgl. Martin, W / Nussdörfer, R.: CPM – Analytische Services in einer SOA, 2009, S. 64
[74] vgl. Oehler, K.: Onlineartikel: Corporate Performance Management führt Unternehmen zum Ziel – CPM-Suites entstehen, 2008

Software-Hersteller	DWH / Data Marts	Datenqualität – DataCleansing	Datenintegration - ETL	Data Mining	Business Scorecards	BAM - PPM	FPM	BI – Business Analytics
Adaptive Planning*							X	X
Board	X		X		X		X	X
CoPlanner							X	X
Corporate Planning					X		X	
Cubeware			X		X		X	X
IBM	X	X	X	X	X	X	X	X
IDS Scheer					X	X		
Infor	X			X	X		X	X
Informatica		X	X					
Information Builders		X	X			X		X
JasperSoft*								X
Microsoft	X		X	X	X	X	X	X
Micro Strategy	X			X				X
Oracle	X	X	X	X	X	X	X	X
Penthao*	X		X					X
Rapid Miner*		X	X	X				
SAP	X	X	X	X	X		X	X
SAS	X	X	X	X	X		X	X
Targit A/S					X		X	X
Winterheller					X		X	

* Open-Soure Anbieter

Tabelle 7: Anbieter- und Produktübersicht im Bereich des BI und CPM[75]

---

[75] vgl. Martin, W / Nussdörfer, R.: CPM – Analytische Services in einer SOA, 2009, S. 66 f.

5. Umsetzung verschiedener Lösungen anhand von Praxisbeispielen

Im Folgenden werden Anwendungen verschiedener Hersteller anhand von Praxisbeispielen vorgestellt, um das Verständnis für CPM-Lösungen zu vertiefen. Neben einer kurzen Vorstellung einzelner Instrumente werden der Einsatz und der Nutzen in Unternehmen mittels Anwenderberichten verdeutlicht. Die Beispiele sind zufällig gewählt und stellen keinen Leistungsvergleich von Anbietern oder Softwarelösungen dar.

5.1 Professional Planner von Winterheller im Einsatz bei Premiere

Winterheller ist seit 20 Jahren ein renommierter Hersteller von CPM-Lösungen bestehend aus Software und der dazugehörigen Implementierung. Mit dem Professional Planner wird ein Tool angeboten, welches Unternehmen auf Basis der integrierten Gewinn- und Finanzplanung die Möglichkeit bietet, Planungen, Simulationen und Soll-Ist-Vergleiche durchzuführen. Hierbei werden Berichte und Analysen für das interne Berichtswesen und für die spezifischen Anforderungen externer Berichtsempfänger erstellt.[76] Bei Premiere löste der Professional Planner unübersichtliche Excel-Sheets ab und wurde vorerst im Controlling zur Erarbeitung von Kostenstellenstrukturen mit Kostenarten und Kostenträgern eingesetzt. Mittlerweile nutzt die gesamte Firmengruppe die Anwendung als integriertes Planungs- und Steuerungstool, wobei Ist-Daten über eine automatische Schnittstelle direkt aus dem ERP-Sytem von SAP übernommen und für Abweichungsanalysen und Reportings genutzt werden. Durch die somit erzielte Datenkonsistenz und die Integrität von Ergebnis-, Finanz- und Bilanzplanungen erzielte der Anbieter von Abonnementfernsehen eine Zeitersparnis von 20 bis 40 Prozent bei der Erstellung von Monatsberichten. Neben den finanziellen Kennzahlen werden aber auch quantitative Messgrößen wie etwa die Zuschauerzahlen der einzelnen Kanäle auf Knopfdruck bereitgestellt.[77]

---

[76] vgl. Produktinformation von www.winterheller.com
[77] vgl. Anwenderbericht Premiere von www.winterheller.com

5.2 Cubeware Cockpit unterstützt Agip Tankstellen

Cubeware Cockpit ist ein ausgereiftes Managementtool zur Erstellung von Standard- und Ad-hoc-Analysen für Planung, Forecasting, Reporting und Dashboarding. Die übersichtliche Benutzeroberfläche und die Einbindung von Webseiten sowie Text- und Bilddateien garantieren eine einfache Handhabung. Außerdem erfolgt die Berichterstellung und Verteilung schnell und automatisch über einen eigenen Server, der zusätzlich auch Benutzer und Zugriffsrechte zentral verwaltet.[78] Bei Agip Deutschland werden mithilfe der Software von Cubeware sowohl das Marketing als auch der Vertrieb der Tankstellenshops gesteuert. Die Herausforderung an das System war, große Mengen an heterogenem Datenmaterial der unterschiedlichen Shops zu bündeln und für die individuelle Planung auszuwerten. Nach der Einführung der Software war es möglich, die Performance einzelner Tankstellen bis ins Detail zu untersuchen. Neben Deckungsbeitragsberechnungen, Standortbewertungen und Gebietsvergleichen sind auch wettbewerbsbezogene Auswertungen der einzelnen Stationen machbar. So wird über das System auch die Sortiments- und Liefermengenplanung, die Regalbestückungsplanung und die Preisgestaltung sowie die Personal- und Öffnungszeitenplanung anhand aktueller Datenbestände mit großem Erfolg durchgeführt. Als Datenquellen dienen die Kassensysteme der einzelnen Shops. Die gebündelten Informationen werden automatisch in ein DWH überführt und für die Analyse aufbereitet. Auf die automatisch generierten Berichte greifen hauptsächlich die Zentrale, Außendienstmitarbeiter und die Tankstellenpächter zu. Agips zentrales Marketing nutzt die vielfältigen Analysemöglichkeiten für Benchmarking mit quantifizierbaren Stärken- und Schwächenvergleichen. Das unterstützt die gezielte Maßnahmenplanung und die Erfolgskontrolle von Aktionen. Durch den Einsatz von Cubeware Cockpit konnte Agip die Flächenrentabilität durch gesteigerte Umsätze und Deckungsbeiträge erhöhen und plant für die Zukunft, den Einsatz des Systems auf alle 600 Stationen auszuweiten.[79]

5.3 Business-Specific Analytics von Infor bei der deutschen SEB Bank

Das Performance Management Tool Business-Specific Analytics von Infor bietet dem Anwender die Möglichkeit, durch die Kombination von Geschäftsanalyse und

---

[78] vgl. Produktinformation von www.cubeware.de
[79] vgl. Anwenderbericht Agip von www.cubeware.de

CPM – Grundlagen, Implementierungskonzept und Einsatzbeispiele

Geschäftsprozessanwendung Schlüsselkennzahlen in Echtzeit zu überwachen und Trends zu ermitteln. Dies geschieht durch Unternehmensberichte, Ad-Hoc-Abfragen, Leistungsanalysen und den Einblick in Kennzahlen über Dashboards und Scorecards.[80] Die deutsche SEB Bank führte die Software zur Kosten- und Ertragsplanung mit dem Ziel, die Planungs- und Reportingprozesse zu verbessern, ein. Durch das neue System wurden alle Kosten- und Ertragszahlen aus verschiedenen Vorsystemen, wie etwa der Anlagenbuchhaltung, Personalverwaltung und Ertragsdatenbanken, in ein einheitliches System überführt und den Mitarbeitern über eine Web-Oberfläche im Intranet zur Verfügung gestellt. Es werden Plan-Ist-Vergleiche und Standardreportings vorgenommen, wodurch es möglich ist, die Performance vom Gesamtergebnis der Bank bis hin zu den Zahlen einzelner Kostenstellen zu analysieren. Dies erleichtert die Überwachung von Budgets sowie die Versorgung des Managements mit tagesaktuellen, quantitativen und qualitativen Informationen. Diese Anwendung zum Ergebniscontrolling ermöglichte es der Bank erstmals, das operative Tagesgeschäft der Bank durch aktuelle Daten zu unterstützen.[81]

6. Zusammenfassung

In der vorliegenden Arbeit wurden die Grundlagen des Business Intelligence vorgestellt und die vorhandenen Architekturen und Komponenten dieses Ansatzes zur Managementunterstützung identifiziert. Durch die Darstellung eines klassischen, auf relationalen Datenbanken aufgebautem DWH-Systems und die Erläuterung der Datenintegration mittels des ETL-Prozesses wurde der Unterschied zwischen operativen Transaktionsdaten und dispositiven Analysedaten deutlich. Nachdem die Grundlagen erörtert worden sind, konnten verschiedene BI-Anwendungen zur Datenanalyse erläutert werden.

Eine Abgrenzung von BI zu CPM fand daraufhin im nächsten Kapitel statt, wobei die Voraussetzungen, die Komponenten und der benötigte Technologieeinsatz für ein ganzheitliches CPM-System herausgearbeitet wurden. Es zeigte sich, dass die Infrastruktur, der vertikale und horizontale Abgleich, der Closed-Loop-Ansatz und der Einsatz von SOA in Verbindung mit EAI unverzichtbare Komponenten für ein funktionierendes CPM-System sind. Sie verbinden die Ideen von zum Teil älteren Managementsystemen mit den

---

[80] vgl. Produktinformation von www.infor.de
[81] vgl. Anwenderbericht SEB Bank von www.infor.de

CPM – Grundlagen, Implementierungskonzept und Einsatzbeispiele

Möglichkeiten aktueller BI-Anwendungen. Dies führt dazu, vergangenheitsorientierte und Echtzeit-Analysen miteinander zu verbinden, um dadurch Muster und Zusammenhänge in den Daten eines Systems zu identifizieren, die Daten miteinander zu verknüpfen und in entscheidungsrelevante Informationen umzuwandeln. Mithilfe dieser gewonnenen Daten können Entscheidungsalternativen besser bewertet und die Prozesse des Unternehmens dementsprechend angeglichen werden, mit dem Ziel, die Performance des Unternehmens zu optimieren. Wichtig ist hierbei die Erkenntnis, dass CPM nicht allein auf die verwendeten Technologien reduziert werden darf, sondern dass Abstimmung und Zusammenspiel der Technologien ein erfolgreiches und ganzheitliches CPM erst ermöglichen. Die einheitliche und übersichtliche Darstellung von Kennzahlen erlaubt es den Mitarbeitern, auch ohne tiefes IT-Know-How die Anwendungen zu nutzen und deuten zu können. Durch die Vorstellung verschiedener prozessorientierter und strategieorientierter Instrumente wurden die unterschiedlichen Möglichkeiten zur Performanceverbesserung, die sich den Unternehmen durch Einführung eines CPM-Systems bieten, deutlich. Hieraus ergaben sich eine Reihe von Vorteilen, die durch die Nutzung von entscheidungsunterstützenden Systemen realisiert werden können.

Da die Einführung eines CPM-Systems ein sehr umfangreicher Vorgang ist, vergleichbar mit der Einführung von ERP-Systemen, ergaben sich natürlich auch einige Risiken. Um diesen Gefahren vorzubeugen, wurde ein Leitfaden zur Implementierung erarbeitet, der sich mit den grundsätzlichen Voraussetzungen und dem individuellen Reifegrad der Unternehmen beschäftigt. Eine genaue Analyse und Planung sowie die Berücksichtigung verschiedener Erfolgsfaktoren müssen im Vorfeld der Implementierung beachtet werden, um eine erfolgreiche Einführung zu gewährleisten. Die Auswahl eines geeigneten Softwareanbieters und der richtigen Softwaretools trägt ebenfalls einen wesentlichen Teil zum Erfolg eines CPM-Projekts bei. Hierbei wurden Handlungsalternativen bewertet sowie eine Empfehlung bezüglich der Auswahl erarbeitet. Eine Marktübersicht verschiedener Softwarehäuser und der von ihnen angebotenen Softwareprodukte zeigt die Heterogenität des Markts, wobei auch Open Source-Anbieter und -Produkte berücksichtigt wurden. Es stellte sich heraus, dass sich auch in diesem Segment einige innovative Anbieter mit interessanten Produkten etabliert haben. Eine Kostenanalyse konnte leider nur allgemein durchgeführt werden, da sich die anfallenden Kosten immer unternehmensindividuell zusammensetzen und hierfür Praxisbeispiele fehlten.

CPM – Grundlagen, Implementierungskonzept und Einsatzbeispiele

Drei kurze Praxisbeispiele verschiedener Anbieter schließen die Arbeit ab. Ziel der Beispiele sind die Verdeutlichung der theoretischen Grundlagen sowie das Verständnis, in welchen Bereichen ein funktionierendes CPM-System eingesetzt werden kann und welche Ergebnisse damit erzielt werden können.

7. Fazit mit Blick in die Zukunft

Für große und mittelständische Unternehmen ist CPM auf jeden Fall zu empfehlen, da durch das Zusammenwirken von BI und CPM ein ganzheitlicher Ansatz geschaffen wird, der den Unternehmen eine durchgängige Steuerung und Leistungsmessung ermöglicht. Das Ergebnis ist eine schnelle und zielgerichtete Entscheidungshilfe für das Management. Auf Basis einer SOA als Infrastruktur erfolgt eine automatische Überwachung, Analyse und Steuerung, welche unternehmensweit permanente Entscheidungsunterstützung bietet. Dies stellt einen gravierenden Wettbewerbsvorteil gegenüber den Konkurrenten dar, die kein Managementinformationssystem nutzen. Doch die Einführung eines CPM-Systems ist ein ernstzunehmendes Projekt mit hohem Aufwand und damit verbunden hohen Kosten. Daher ist kleineren Unternehmen und Einzelhändlern von der Einführung eines CPM´s abzuraten. In diesem Segment existieren noch keine reifen Lösungen, die speziell auf die Anforderungen von kleinen Unternehmen zugeschnitten sind.

Laut den Analysten des Barc-Instituts wächst der Softwaremarkt für BI bzw. CPM weiter und soll eine Steigerung von zehn bis zwölf Prozent bis 2012 erreichen. Dies bedeutet für die Softwareanbieter, sich weiter spezialisieren zu müssen, neue Techniken zu entwickeln und weitere Vertriebswege zu erschließen, um im Wettbewerb bestehen zu können. Schließlich sehen die Analysten den CPM-Softwaremarkt als einen der am stärksten umkämpften und wachsenden Märkte an. Sie erwarten ebenso, dass die CPM-Suiten und -Systeme in den kommenden Jahren um einiges komplexer werden und noch genauere Analysemöglichkeiten bieten werden. Es stehen also weitere turbulente Geschäftsjahre bevor.[82]

---

[82] vgl. Barc-Guide 2008/2009: Onlineartikel: Business Intelligence boomt in Deutschland, 2008/2009

Literatur- und Quellenverzeichnis

1. Bücher

Bauer, Andreas / Günzel, Holger:

    Data Warehouse Systeme. Architektur, Entwicklung, Anwendung; 3. überarbeitete und aktualisierte Auflage, 2008, dpunkt.verlag, Heidelberg

Chamonie, Peter / Gluchowski, Peter:

    Analytische Informationssysteme: Business Intelligence – Technologien und Anwendungen; 3. völlig überarbeitete Auflage, 2006, Springer Verlag, Berlin

Findeisen, Dirk / Hannig, Uwe / Franke, Rainer:

    Corporate Performance Management mit Microsoft Office Performance Point Server 2007, Ganzheitliche Steuerung zur konsequenten Umsetzung der gewählten Unternehmensstrategie; 2008, Microsoft Press, Unterschleißheim

Kemper, Hans-Georg / Mehanna, Walid / Unger, Carsten:

    Business Intelligence – Grundlagen und praktische Anwendungen: Eine Einführung in die IT-basierte Managementunterstützung; 2. ergänzte Auflage, 2006, Vieweg & Sohn Verlag, Wiesbaden

Oehler, Karsten:

    Corporate Performance Management – Mit Business Intelligence Werkzeugen; 2006, Carl Hanser Verlag, München

Spath, Dieter:

    Corporate Performance Management – Bausteine, Konzepte, Produkte; 2003, IRB Verlag, Stuttgart

Strugholtz, Sebastian:

    Open Source Business Intelligence – Einsatz in Corporate Performance Anwendungen; 2007, VDM Verlag – Dr. Müller, Saarbrücken

2. Internetquellen

Barc-Guide 2008/2009:

    Business Intelligence boomt in Deutschland; Auszug aus dem Barc-Guide 2008/2009, verfügbar unter: http://www.barc.de/session/a5e668878ad10bc2e19be4ef6cee5aa5/ FB_marktzahlen.pdf – Stand: 15.06.2009

Böhn, Martin:

    Total Cost of Ownership – Ganzheitliche Betrachtung von Softwareauswahl und Softwareeinsatz; 24.11.2006, Fachartikel von www.barc.de verfügbar unter: http://www.barc.de/session/9aa15818642f2187097368e1d86b1f20/TCO_MB.pdf – Stand: 08.06.2009

Gluchowski, Peter:

    Analyse über Open Source-BI; 25.05.2009, Onlineinterview von www.computerwoche.de verfügbar unter: http://www.computerwoche.de/knowledge_center/business_intelligence/1871839/ index3.html – Stand: 09.06.2009

Grosser, Timm:

    Nur vordergründig kostenlos; 12.09.2008, Fachartikel von www.barc.de verfügbar unter: http://www.barc.de/session/2b62051802c594dcc827152c87eda3aa/ coaching_zone_7-8-08.pdf – Stand: 09.06.2009

Keller, Patrick:

    Verhandeln tut nicht weh; 19.05.2008, Fachartikel von www.barc.de verfügbar unter: http://www.barc.de/session/ca70fd448c227f2afa69d64ad7c93ec2/ coachingZone508.pdf – Stand 08.06.2009

Klaus, Alexander:

    Erfolgreiche Unternehmen setzen auf Informationsdemokratie, Performance Management darf kein Privileg der Chefetage sein; 2005, Whitepaper von Business Objects verfügbar unter: http://www.competence-site.de/Business-Intelligence/ Erfolgreiche-Unternehmen-setzen-auf-Informationsdemokratie-Performance-Management-darf-Privileg-Chefetage-sein – Stand: 28.04.2009

Martin, Wolfgang / Nussdörfer Richard:

    CPM – Analytische Services in einer SOA; 2009, Onlinehandbuch verfügbar unter: http://www.wolfgang-martin-team.net/content/html/b_i_dt.htm – Stand 02.04.2009

Oehler, Karsten:

    Corporate Performance Management führt Unternehmen zum Ziel – CPM-Suites entstehen; 14.04.2008, Onlineartikel von www.computerwoche.de verfügbar unter: http://www.computerwoche.de/knowledge_center/business_intelligence/1860720/index3.html – Stand: 11.06.2009

Pientka, Frank:

    Berichtssoftware – warum nicht Open Source?; 10.09.2008, Onlineartikel von www.computerwoche.de verfügbar unter: http://www.computerwoche.de/knowledge_center/business_intelligence/1871839/index3.html – Stand: 09.06.2009

Pütter, Christiane:

    Business Intelligence – vom Umsatzmotor zum Geldfresser; 07.05.2008, Onlineartikel von www.cio.de verfügbar unter: http://www.cio.de/knowledgecenter/bi/853729/index1.html – Stand 08.06.2009

3. Offizielle Homepages

www.barc.de:

    http://www.barc.de/de/ueber-barc.html – Stand: 05.06.2009

www.cognos.com:

    CPM-Definition nach Gartner verfügbar unter: http://www.cognos.com/de/products/corporate_performance_management/index.html – Stand: 17.04.2009

www.cubeware.de:

Anwenderbericht von Agip verfügbar unter:
http://de.cubeware.de/fileadmin/cubeware/redaktionselemente/service/downloads/download_Referenzberichte-D/AB-Agip.pdf – Stand: 22.06.2009

Produktinformation Cubeware Cockpit verfügbar unter:
http://de.cubeware.de/produkte/cubeware-portfolio/cubeware-cockpit-v6pro.html – Stand: 22.06.2009

www.gartner.com:

http://www.gartner.com/it/about_gartner.jsp – Stand: 17.04.2009

www.infor.de:

Anwenderbericht der SEB Bank verfügbar unter: http://www.infor.de/casestudies/SEB-Gruppe-casestudy.pdf?ok=yes – Stand: 22.06.2009

Produktinformation Infor Business-Specific Analytics verfügbar unter:
http://www.infor.de/loesungen/pm/bsa/ – Stand: 22.06.2009

www.winterheller.com:

Anwenderbericht von Premiere verfügbar unter: http://www.winterheller.com/files/anwenderberichte/AWB_Premiere.pdf – Stand: 17.06.2009

Produktinformation Professional Planner verfügbar unter:
http://www.winterheller.com/ProfessionalPlanner/pp_free.html – Stand: 17.06.2009